JN117103

心ときめく

世界の民族衣装

双森文
イラスト

産業編集センター 編

SHC

はじめに

民族衣装は、世界各地に住む人々が、それぞれの居住エリアの風土や生活様式に適応させながら、長い歳月をかけて築き上げてきた衣装です。

私たちは古来より、その土地土地、その時時の気候や地形によって、着るものに機能を持たせ、その形を発展させてきました。

民族衣装に施されている柄や文様には、それぞれの国や地域の文化がよく現れています。

近年、日常的に民族衣装を着ることが少なくなった所もありますが、それでもお祭などハレの日には、伝統的な衣装を身につけることが多いようです。

中には、伝統的な衣装を、現代風にアレンジして着ているエリアもあります。

民族衣装を取り巻く世間の声に耳を澄ませてみると、「伝統を重んじ古来からのスタイルを受け継いで欲しい」という声がある一方で、「民族衣装は生き物。現代の生活習慣に馴染むよう少しずつアレンジを加えてこそ、長く残っていくのでは」という声も。

捉え方、残し方、親しみ方も多様性の時代になったと言えるでしょうか。

本書では、日本をはじめ、アジア、ヨーロッパ、アフリカ、アメリカ大陸の国や地域の民族衣装を、47点のイラストで紹介しています。

世界中には本当に多種多様な民族が暮らしています。

1つの国の中でも地域によって、また同じ地域でも年代によって民族衣装が異なることも多く、そのバリエーションは星の数ほど……。

限られたページ数の中でそれら全てを網羅することは至難の業ですので、本書では敢えて、選ぶ基準を「女性」「心ときめく」「かわいい」と致しました。

イラストと合わせて、その衣装を育んだ地理的背景、歴史的背景、服飾的な解説を掲載。

見て楽しみ、読んで学べる一冊になるよう構成しています。

国や地域は違うのに、色や柄、素材が似ていることを発見したり、逆に違いを楽しんだり……。

民族衣装を入り口としながら、異文化交流を楽しんでいただけたら、編集部としてこれにまさる喜びはありません。

CONTENTS

※国名は略称表記

MAP

ヨーロッパ
Europe
アイスランド
スウェーデン
フィンランド
ノルウェー
デンマーク
オランダ
イギリス
ドイツ
ポーランド
ベラルーシ
ポルトガル
フランス
スペイン
イタリア
チュニジア
ハンガリー
ギリシャ
モロッコ
ロシア
モンゴル
ウズベキスタン
トルコ
中国
韓国
日本
アフガニスタン
エジプト
ベトナム
台湾
インド
パキスタン
タイ
ナイジェリア
エチオピア
ケニア
ガーナ
ネパール
ブータン
インドネシア
アジア
Asia
アフリカ
Africa

アメリカ合衆国
メキシコ
キューバ
アメリカ
America
ペルー

ヨーロッパ 編

青地の衣装に赤い縁取りと肩かけの
フリンジが特徴的なサーミ族の衣装

フィンランド共和国

REPUBLIC OF FINLAND

帽子
4つの角は東西南北を示しています。

コルト
羊のフェルトで作られたワンピース。赤い縁取りには飾りテープがあしらわれています。

ヌツッカート
トナカイの毛皮で作った長靴。長靴の中の足にはほしぐさを巻いています。くるぶしより上の赤い紐は雪の染み込みを防ぐために巻き付けられています。

地理的背景

サーミ族は推定人口6～10万人の少数民族で、フィンランド、ノルウェー、ロシアにまたがる地域に暮らしています。厳密には、スカンジナビア半島北部のラップランドとコラ半島全域の北極圏に近い地域です。サーミ族の言葉はサーミ語ですが、スウェーデン語、フィンランド語、ロシア語、ノルウェー語などもほとんどの人が話せるといいます。かつては、トナカイを連れた遊牧生活をしていましたが、18世紀後半からはほとんどのサーミ族が定住生活を送るようになりました。ラップランドではトナカイの牧畜が中心産業で、人口の85%がサーミ族です。トナカイ21万頭に対し、7000人のサーミが牧畜を営んでいます。

歴史的背景

8世紀から11世紀にかけてスウェーデン、ノルウェー、デンマークに国が作られましたが、サーミ族は遊牧生活を続け国を作りませんでした。そのため、13世紀にはラップランドに住む人という意味でラップ族と呼ばれていました。サーミ族は精霊信仰を持っており、自然による災害も恩恵も精霊の力によるものと信じ、シャーマンが強い影響力を持っていました。16世紀にはロシアやバルト帝国との戦争が続き、ヨーロッパの影響を強く受けるようになります。北欧諸国はプロテスタントのルター派に次々と改宗し、シャーマン文化は失われていきました。

服飾的な特徴

帽子、コルト、ベルト、綿のタイツ、ヌツッカートが基本セットです。青地の衣装に赤い縁取りと肩かけのフリンジが特徴的な衣装を着ます。真っ白な雪景色の中でも目立つよう、鮮やかな色の衣装を身につけていると言われています。毛糸の帽子は家の中でも被ったままにする風習があります。一時期はコルトを着る人が少なく衰退しましたが、近年では若者の間に民族意識が高まり、普段着として着る人が増えてきているようです。

三角に形作ったスカーフと
綿とウールのエプロンが特徴

スウェーデン王国

KINGDOM OF SWEDEN

スカウト
ノリで三角に形作ったスカーフ、ピンで髪の毛にとめてかぶります。

ベスト
スカートとお揃いの青いベスト。白い花の刺繍が施されています。

ラスク・マイド
経糸が綿、緯糸がウールで織られたエプロン。祝祭日の等級により赤、青、緑、黄色を着け分けます。

スカート
足首丈の青いスカート。黒いスカートを履いている地域も多くあります。

地理的背景

スカンジナビア半島の東半分を占め、ノルウェーと接し、バルト海の対岸にはフィンランドがあります。多くの河川や湖、沼、森林が広がり、自然資源が豊かな国です。そのため中世からほとんどの国民が農業に従事していました。戦争時には農民が武器を持ち、そのまま軍隊として集まったと言われています。16世紀にストックホルムを首都に定め現在のスウェーデンを形成したグスタフ・ヴァーサ王は、戦いの中統一された制服に身を包んだ軍隊を見て、自国の農民服の軍隊との違いに衝撃を受けたと言われています。17世紀半ばには軍服が完成。その影響を受けつつ各地域で農民服の民族衣装が変化し、現存400種類以上が見出されるそうです。

歴史的背景

17世紀にヨーロッパの影響を受けプロテスタントに国王が改宗すると、国民にも礼拝の義務が課されるようになりました。祝祭日には全ての人が規約に従った服装で教会に集うことが重要視されたため、日曜礼拝と5つの等級に分けられた祭日では、それぞれに服装の規約が変えられていました。ラスク・マイドの色はもちろん、頭に巻くスカーフにつけるリボンの色、既製品か手作りかなどの区別も重要視され、この保守的な考えは19世紀半ばまで続きました。衣替えの日も気候ではなく祭日が基準で、5月のキリスト昇天祭の日が夏の始まりと定められており、女性たちはジャケットを着ないで教会に行くことが決められていました。寒い時には規約を破らないためブラウスの下にジャケットを着ることもあったそうです。

服飾的な特徴

スカウト、白ブラウスとベスト、スカートの上にラスク・マイドをつけ、白ストッキングと黒靴を履きます。イラストの衣装は1900年初頭に民族衣装の統一を支援する目的でデザインされ、1983年に公式にスウェーデンの民族衣装に。色の組み合わせは国旗の色から採用され、6月6日の建国記念日には王室の女性たちが揃ってこの衣装を身にまといます。

今も村の繁栄、豊穣を祝う祭りで着られる
民族衣装、ブーナッド

ノルウェー王国

KINGDOM OF NORWAY

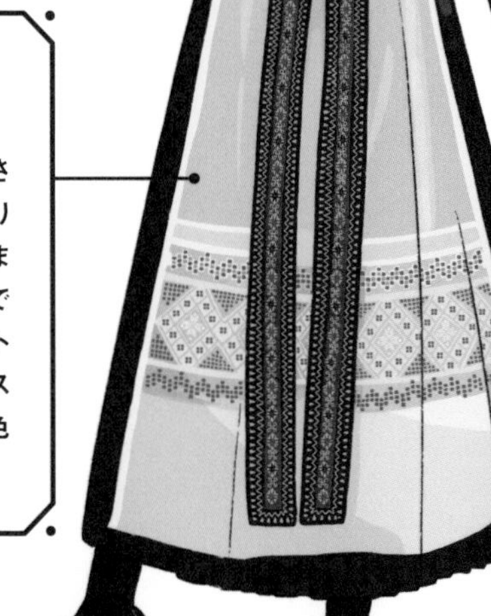

ブラウス

白いリネンか綿素材でできています。エプロンやスカーフとともにハンダンゲル手法の刺しゅうが施されています。

フェドン

成人女性のみつけることができる被り物。内部にベニヤ板でできた詰め物をしており、その上に白いスカーフをかぶせています。

ジャンパースカート

襟元に花柄が施されたボディスに前飾り（ブリーダ）をつけます。黒のウールでできたプリーツスカートは地域によってスカートの縁取りの色が異なります。

地理的背景

スカンジナビア半島の西側に位置し、北部西部には1500以上のフィヨルドが広がります。ヨーロッパで最長・最深のソグネフィヨルドは長さ204km、水深1,308mに及びます。フィヨルドが続く地形のため、交通手段が限られていたことから、他の地域の影響を受けにくく、伝統的な生活や文化を多く残すことになったと考えられています。ブーナッドのデザインは地域により異なりノルウェー国内にはおよそ200種類が残っていると言われています。フィヨルド地方は最も多くブーナッドの種類が残る地域で、スカートの色やベストのデザインで出身地を見分けることができます。

歴史的背景

古代スカンジナビア人、ノース人が暮らす地域でしたが、8世紀から11世紀にかけてヴァイキングが襲来しました。988年にはアイルランドにダブリンを建設、勢力を伸ばし15世紀まで政治的に支配されていました。ヴァイキングによってヨーロッパ文化がもたらされ、キリスト教が普及しましたが、日照時間の短いスカンジナビア半島のほかの国々同様に、根強い太陽信仰が残っています。夏至の時期には昼夜問わず日がのぼる白夜となり、子どもたちが花嫁と夫に扮し着飾り、模擬結婚式で村の繁栄、豊穣を祝います。このお祭りで着られるブーナッドですが、国民的な衣装として知られるようになったのは19世紀終わりごろのこと。ノルウェーの女性作家のカレン・フルダ・ガルボルグが、農民文化の価値を広く認識してもらう活動の一つとして、ブーナッドの普及に注力したのが始まりです。彼女の死後も各地方が独自のブーナッドを作る活動が続けられ、それまでブーナッドがなかったオスロでは1947年に正式なデザインが作られました。

服飾的な特徴

被り物は年齢によって異なり、子供はヘアバンド、結婚前の成人女性は未婚や純潔を表す白い帽子のフェドン、花嫁は祭礼用のつばの広い赤い帽子をかぶります。ブラウスには白線刺繍やブラックステッチで、襟周り、襟あき部分、袖周りが飾られます。

素朴で愛らしい頭巾と
チェックのエプロンが印象的

デンマーク王国

KINGDOM OF DENMARK

頭巾
綿でできた白いものが一般的。縁に刺繍が施されています。

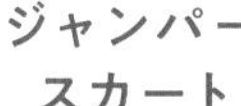

ジャンパースカート
ベストとスカートが一体となった、袖のないワンピース。オープンワークという技法が使われることが多い。

エプロン
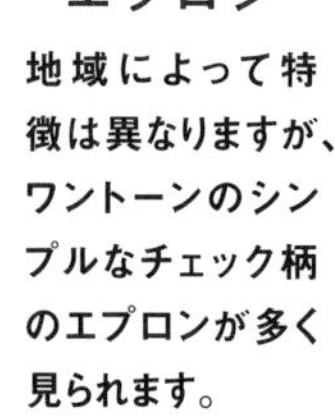

地域によって特徴は異なりますが、ワントーンのシンプルなチェック柄のエプロンが多く見られます。

地理的背景

デンマークは、ユトランド半島とその周辺の大小406の島（うち人が住んでいるのは75島のみ）からなる本土と、自治領のフェロー諸島、グリーンランドで構成されています。北は海を挟んでスカンジナビア半島諸国、南はドイツと国境を接しています。平坦な国土の半分は農用地で、本土の人口密度は日本の3分の1程度です。コペンハーゲンは隣接するスウェーデンとエーレスンド橋で繋がっているほど近く、北欧・西欧どちらの文化の影響も受けています。本土はコペンハーゲンのあるシェラン島、フュン島、ユトランド半島と、主に3つのエリアに分けられます。

歴史的背景

1016年にデーン人の国として北海帝国を建立し、現在のイングランド、デンマーク、ノルウェー、スウェーデン南部を支配する一大帝国を築きました。しかし、11世紀半ばにヴァイキングの衰退と共に力をなくしていきました。その後、周辺諸国との領土戦争に敗れ国土の多くを失いました。2回の世界大戦では中立を貫きましたが、1940年にナチスドイツによって占領。反戦運動を行ったことから連合国側として語られることが多いです。第二次世界大戦の終戦を機に独立。急速な近代化が行われたことによって、一部の地域を除いて民族衣装は失われていきました。

服飾的な特徴

歴史的、地理的背景があいまって、多くの文化を受けて発達した民族衣装。地域ごとに民族衣装が異なります。

17世紀以来の長い歴史を持つ民族衣装、ファルドブニングル

アイスランド

ICELAND

帽子

つばのない三角帽（クロクファルドゥル）。烏帽子のような湾曲して上に伸びたもの（スパザファルドゥル）もあります。

ジャケット

丈の短い黒を基調としたジャケット。

スカート

自然の緑や鮮やかな赤、黒のスカート。

地理的背景

火山の噴火活動によってできた島。現在でも活火山活動が起こっており、エイヤフィヤトラ氷河の火山の噴火が2010年に起こりました。北緯60～70度のオーロラベルトと呼ばれる、オーロラが観測しやすい領域に位置しており、冬の間は国中どこからでもオーロラを見ることができます。過酷な自然で野菜などは育たないため、羊を飼育しています。羊は食料になるだけではなく、アイスランディックウールとして民族衣装にも使われています。

歴史的背景

ヴァイキングの入植以前には、少数のアイルランドからの修道士たちが住んでいたと言われています。8世紀にノルマン人（ヴァイキング）が進出、その一部はグリーンランド、北米大陸へも移住しました。その後中世の数百年はノルウェー、続いてデンマークの支配下にありました。北欧諸国の派遣争いに翻弄されてきたともいえます。第二次世界大戦中に、指導者だったヨゥン・シグルズソンが率いる独立運動が行われ、1944年に独立を果たし、現在のアイスランド共和国となりました。

服飾的な特徴

アイスランドには民族衣装が大まかに5種類あります。19世紀に入ってから作られたキルティルとスカウトブニング。17世紀以来の長い歴史を持つファルドブニングル、ペイスフェト、ウフルトゥールです。

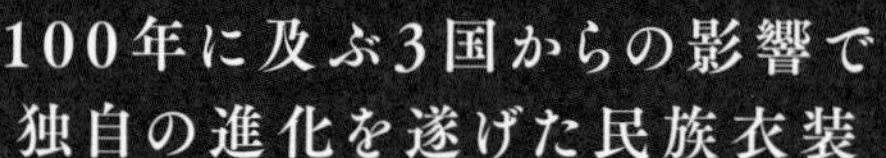

ポーランド共和国

REPUBLIC OF POLAND

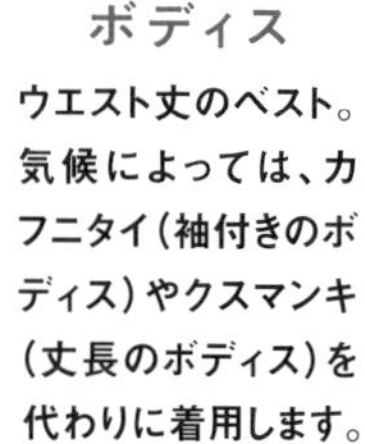

リボン飾り
チュール刺繍で飾られた頭かざり。

ブラウス
白いブラウス。レースで袖、肩、襟が飾られています。

エプロン
ギャザーの効いたエプロン。ひざ丈で鮮やかな色の縞柄。

スカート
黒地に縞柄やビーズ刺繍で飾られたスカート。ふくらはぎ丈やくるぶし丈など長めのデザインが多い。

地理的背景

ポーランドという国名は「平原」を意味しています。その名の通り、平地が多く、広大な牧場や農地が広がりライ麦の生産は世界トップクラスです。森や湖などもあり、温暖な気候と合わさって自然資源が豊かな土地です。伝統的な民族衣装が残っている地域では、自国で育てることができる自然色の麻や綿、ウールの手織りの生地や皮や毛皮のみを使います。南端には山脈、西部には河川があり自然に沿って国境が敷かれています。歴史上何度も国土を分割されてきた背景から49の行政区があります。北西部のポメラニア、北東部のマズール、中東部のマゾヴィア、中西部のシレジアと大ポーランド、南部には小ポーランドが位置しています。

歴史的背景

北のバルト海以外の全方位を7カ国に囲まれたポーランドは、何度も隣国の領土争いに巻き込まれ国土を分断されてきた歴史があります。諸外国の影響を受ける傍ら、地方ごとの民族意識も高く、衣装にはその特性が強く現れています。10世紀にはポーランド公国として建国していましたが、分裂と繁栄を繰り返し、ロシア、プロイセン、オーストリアの３国に分割され1795年に消滅しました。123年のあいだ世界地図から姿を消し、第一次世界大戦が終戦した1918年ポーランド共和国として独立しました。一方で文化面では、ポーランド出身の作曲家が民謡舞踊を発表したことにより、ヨーロッパ全土でポーランド舞踊が流行し、同時に民族衣装も各地に知られることとなりました。その間に近隣諸国の影響を受け、各々の地方で個性豊かに洗練された衣装へと進化していきました。

服飾的な特徴

地域によって個性豊かな衣装が残る背景には、いくつかの国の影響が。ロシア文化の影響を受け華やかな刺繍や色彩が発展した一方で、質素な服装が好まれるドイツの影響も受け、落ち着いたものへと変化しました。また、国王の支援を受けて演劇活動や民族衣装の着用が認められたオーストリアの影響で、伝統的な衣装が受け継がれていきました。

南ドイツの山岳地帯で農民の作業着として
着られていたディアンドル

ドイツ連邦共和国

FEDERAL REPUBLIC OF GERMANY

ボディス

前開きのベルベット素材のベスト。留め具は紐・ボタン・フックなどデザインによって様々。

シュミーズ

パフスリーブが特徴。襟元のデザインは、短い立襟のついた詰襟が伝統的なスタイルですが、時代に伴い襟ぐりが深い襟あきスタイルも支持されるようになってきました。

エプロン

かつてはエプロンの結び目の位置で、未婚・既婚・未亡人など、婚姻に伴うステータスを表した。

スカート

年代により膝丈からロング丈まで様々。無地やチェックなどシンプルな柄のものが多い。

地理的背景

ディアンドルが農民の普段着として着られていた19世紀は、ドイツが北のプロイセン、南のドイツ連邦に分かれていました。この衣装は南ドイツ・バイエルン地方のもので、かつては同じドイツ連邦であった、オーストリア・チロル地方やリヒテンシュタイン王国でも、似た形の民族衣装が着られています。

歴史的背景

19世紀ごろに南ドイツの山岳地帯で農民の作業着として着られていたディアンドル 。1870年代に避暑地・バイエルン地方にバカンスに来た貴族たちの間でチロル風のモチーフを取り入れたデザインが流行。1890年代頃からサマードレスとしてよく利用されました。貴族の普段着として作られるようになったことで、色や柄のバリエーションも増え、それぞれ地域色豊かなデザインが発展しました。第二次世界大戦中には、ナチ党がドイツ民族の衣装代表としてこのデザインを制服に採用。ドイツの民族衣装の象徴としてイメージが定着。さらに90年代以降その人気が再燃し、1810年から行われているミュンヘンのオクトーバーフェスト（ビール祭り）では、民族衣装を着た人々が各地から集まり、ビヤホールでビールを飲んだり民謡を歌ったりしながら、大いに盛り上がります。以降冠婚祭のときには老若男女問わず着用するまでになりました。

服飾的な特徴

お祭りの際には、ビーズ刺繍、ブレード、ボタンなどの装飾のついた華やかなボディスをつけます。スカートは、19世紀は、作業着として着る時は草除けと動きやすさを重視したミモレ丈を。サマードレスとして着る時はロング丈をと、目的に合わせて形を変化させていました。その後、ナチ党時代には膝丈にアレンジされ、現代は、家族から受け継ぐのはクラシックなミモレ丈、ビールガールの制服でよく見かけるのは膝丈、ウェディング用にはロング丈と、丈も形もさらに多様化しています。

円錐形のキャップと刺繍ブラウス、
木靴が特徴

オランダ王国

KINGDOM OF THE NETHERLANDS

フル

円錐状の黒いキャップの上から、耳元に羽状の張り出しのあるレースの帽子（フル）をかぶっています。

ネックレス

赤いサンゴのネックレス。バックル部分には親や先祖の写真を入れます。

スカート

くるぶしたけの黒いアンダースカートを履き、その上を覆うように白い木綿の縦縞柄スカートを着ます。

ブラウス・エプロン

トップスは角型の刺繍の胸当てがついた黒いブラウス。肩から房つきのベルトをかけます。スカートの上からは同じく刺繍の施された黒いエプロンをかけます。

クロンプ

ヤナギの木をくり抜いた木靴。木地のものやペイントしたものもあります。つま先が上を向いているフォルムが特徴。

地理的背景

国土のおよそ4分の1が海面より下にあることから、低地の国という意味のネーデルランドという名前がつきました。ライン川、マース川、スヘルデ川のデルタ地帯が広がり、そのほとんどが埋立地でもあります。洪水を避けるために作られた水路や風車、チューリップ畑は、オランダのアイコンでもあります。川上には田園地帯が続き、牧畜や農業が盛んです。湿地が多いため、木靴が伝統工芸品になっています。布や革に比べて水が染み込みにくい点、水を含むと膨張し足が冷えない点が重宝されたと言われています。

歴史的背景

かつてはフランク王国や神聖ローマ帝国など西欧大国の領土でしたが、1602年にオランダはイギリスに続いて東インド貿易会社を設立し、海運・貿易業で栄えていきました。インドから仕入れた多くの布製品は、オランダ北部の民族衣装に見ることができます。北部では、お皿のような平たいフルをかぶり、黒い半袖ブラウスの上からインド更紗でできたベストを着用します。また、現在でも伝統工芸品として観光客に人気のヒンデローペン塗りの木靴が作られました。河川が地域間の移動を妨げる地形のため、各地域でのまとまりが強く独自の文化や衣装の違いはその後他国から支配を受けたあとも変わらず残り続けました。1648 年にスペイン支配に対抗するため小国が連合を組んだのがオランダの始まりです。1815年にフランスより独立しオランダ王国となり、1830年にオランダからベルギーが独立し現在のかたちとなっています。

服飾的な特徴

白いレースのキャップ・フル（形は地域により様々）とその土台となる黒いキャップ。アルケン島など北部では髪をおろすスタイルがあり、髪の毛を帽子の中に隠すためアップヘアにする地域もあります。イラストは、フォーレンダムエリアの17世紀から現在のもの。

大きなリボン型の帽子が華やかな、
アルザス地方の民族衣装

フランス共和国

FRENCH REPUBLIC

クワッフ

大きなリボン型の黒い帽子。

シャツ

リンネルでできたシャツ。襟元と袖口のレースが華やかです。

コルセ

ウエストまで紐で締める短い胴衣。シャツの上から着ます。冬の寒い時期には内側に毛皮をつけます。

スカート

ペティコートを履いた上から着ます。裾に刺繍の入ったテープをとめつけたウールの赤いスカートです。

エプロン

スカートの上からつける黒いエプロン。コルセやスカート同様フランス刺繍で立体的な花柄が描かれます。

地理的背景

西ヨーロッパの国で、国土のほとんどが平野で温暖な気候です。水源も豊富なフランスは農業大国で、ワインの葡萄や小麦などを生産し暮らしてきました。どれだけ個性的な衣装でも、どの地方のものでも必ずエプロンがついているのは、農作業服が民族衣装に発展した名残です。首都・パリはファッションの中心地としてモダンなイメージがありますが、地方のブルターニュやアルザスでは現在も祭りの際に民族衣装で着飾った人々を見ることができます。

歴史的背景

古代ローマ時代にはガリア地域と呼ばれ栄えていましたが、紀元前1世紀ごろカエサルによって征服されました。6世紀にフランク一族が王朝を建てました。今日の国名は6世紀の「フランク王国の地」という意味が由来になります。近代までは地方ごとに公国を設け領主に権力を与える方法で国を治めており、近代国家の中でも最後まで中央集権を行なわなかった国でした。その結果、地方都市は近隣諸国の影響を受けやすく民族衣装にもカラーが強くでることになったと考えられています。国内での革命期を何度か迎えたのちに、1880年の第3共和体制が確立。政治的安定を得ました。

服飾的な特徴

フランス革命以前から洋服の型や要素は現在まで変わっていません。15世紀以降に貴族の豪遊により財産の二極化が起こります。領主は宮廷に住まうなか、地方の家庭にはリンネルなどの粗末な布しか残らないということが起こっていました。この時期に一度民族衣装が衰退しますが、19世紀の革命期に民族団結の機運が高まり現在のような独創的な衣装が生まれました。20世紀初頭に既製品の洋服が出回るまで、民族衣装を着て暮らすことが主流だったようです。

フラメンコで一躍有名になった
アンダルシアの民族衣装

スペイン王国

KINGDOM OF SPAIN

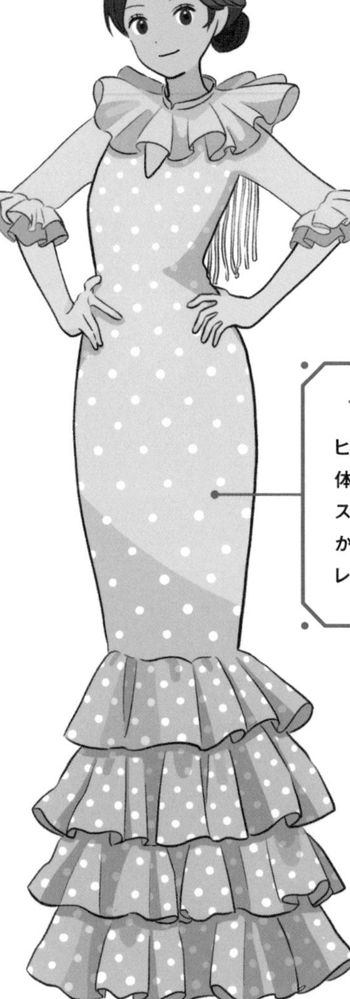

花飾り
髪の毛に飾る花飾り。ドレスとの色合わせがおしゃれです。

フラメンコドレス
ヒップラインまでぴったりと体に合わせた長い裾のドレス。たっぷりとしたフレア、膝から下の何段ものフリルとレースの飾りが特徴です。

地理的背景

イベリア半島の約8割を占めており、17の自治州から構成されています。ピレネー山脈をはじめ、カンタブリア山脈、モレーナ山脈が東西に走っているため、地中海に流れるエブロ川以外の全ての河川が山脈から西へ延び、大西洋に注いでいます。半島の中心部にはメセタと呼ばれる高原が広がり国土の約半分を占めています。この変化に富んだ地形の影響もあり、スペイン国内には異なる文化圏が存在しています。北部のガリシア、中部のカスティーリャ、東部のカタルーニャ、南部のアンダルシアなどが有名です。

歴史的背景

動物壁画の残るアルタミラ洞窟の発掘により紀元前1万4千年にクロマニヨン人が暮らしていたことがわかっています。旧石器時代には巨石文化が発生するなど独自の文化があったとされています。紀元前2世紀からカルタゴ領、ローマ帝国領、西ゴート王国と他国の支配下を経て、その後のおよそ7世紀の間イスラムの支配下にありました。1492年にイスパニア王国がレコンキスタを起こしたことで独立。イスパニア国王フェリペ2世は大航海時代に植民地化をはじめ16世紀に最盛期を迎えました。近代化後は、民主主義を求める人民戦線と軍部との間で内乱が勃発、1975年に王政が復活し現在の姿となりました。フラメンコドレスが有名なアンダルシアは1982年に自治州法が適応されました。

服飾的な特徴

15世紀にインドからエジプト、ヨーロッパへと移動したロマ文化がスペイン南部へと大きな影響を与えたと言われています。アンダルシアのフラメンコはロマたちの踊りに起源を持つもの。現在でもセビーヤの春祭りのときには、町中でフラメンコを踊る姿を見ることができます。フラメンコのドレスに水玉模様が多いのは、「流浪の旅をしてきたロマの月神信仰の満月モチーフなのでは」「迫害の歴史の中での涙を表しているのでは」など諸説あり、はっきりしたことは分かっていないそうです。

フリンジや刺繍で華やかに彩られた
ミーニョ地方の民族衣装

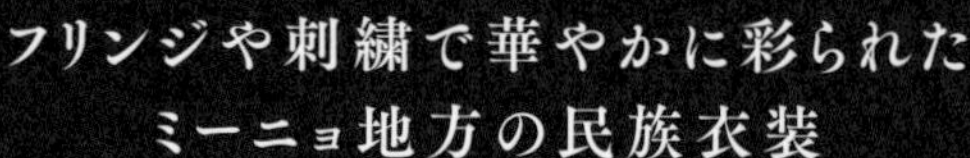

ポルトガル共和国

PORTUGUESE REPUBLIC

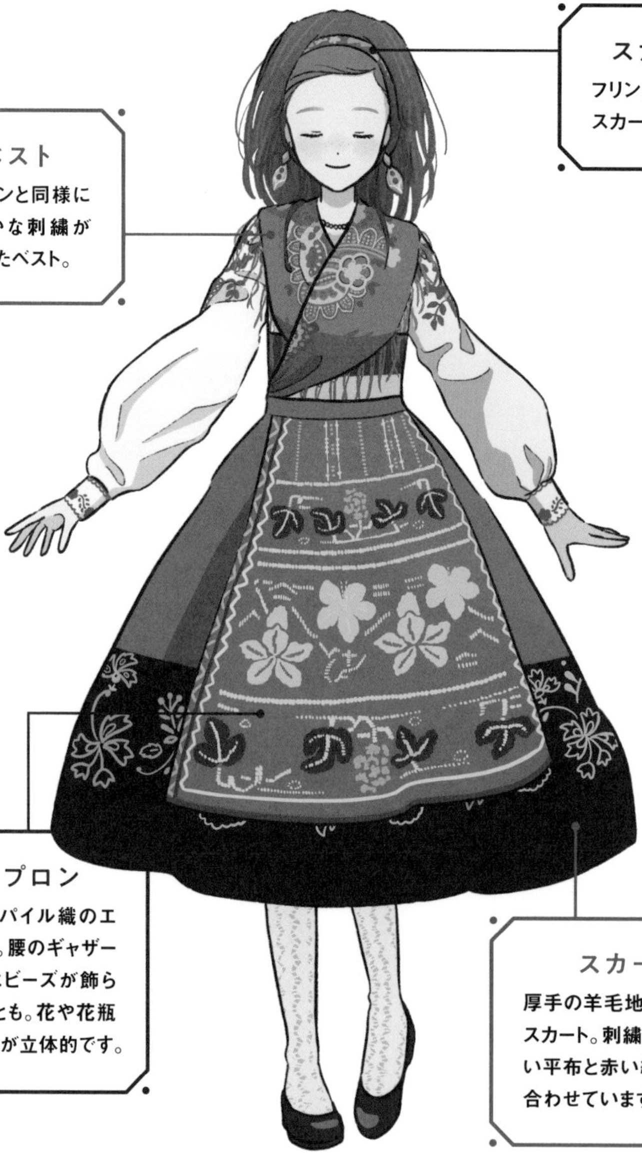

スカーフ
フリンジのついたスカーフ。

ベスト
エプロンと同様に華やかな刺繍が施されたベスト。

エプロン
ループパイル織のエプロン。腰のギャザー部分はビーズが飾られることも。花や花瓶の模様が立体的です。

スカート
厚手の羊毛地で作られたスカート。刺繍を施した黒い平布と赤い織物をはぎ合わせています。

地理的背景

イベリア半島西端に位置しており大西洋に囲まれ、東部はスペインと隣接しています。対岸のモロッコとはフェリーで行き来できるほど近く、711年にはジブラルタル海峡を越えてきたイスラム教徒のムーア人に占領されました。数世紀に及び、キリスト教徒による国土回復運動が行われ12世紀についに独立を果たしポルトガル王国が誕生しました。13世紀にはリスボンを中心に商業や学問が発展しました。気候は中心部からリスボンへと東西に渡る川で2分することがきます。北部は起伏が多く緑豊か、南部は低地で乾燥しています。北部は牧畜に適していることもあり、革製品の職人が多くその技術力は国際的に高く評価されています。

歴史的背景

15世紀、王子エンリケの命を受け、バルトロメウ・ディアスがアフリカ大陸最南端の喜望峰に到達。大航海時代の先駆者として積極的に遠征を続け、鎖国時代の日本とも交易を行なっていました。インドや中国、南アメリカへの進出し、植民地から莫大な利益を得ていましたがそのほとんどは貴族と聖職者が独占したと言われ、農民の暮らしは貧しいものだったと言われています。そのため農村地域では伝統的な暮らしが保たれることになり、民族衣装が生活の一部として受け継がれることになりました。ポルトガルでは聖母信仰が強く、聖母マリアが天に召された日の「嘆きの聖母マリア巡礼祭」は祝日に定められ、ロマリア祭がポルトガル全土で開かれ人々は民族衣装を身にまといます。

服飾的な特徴

ミーニョ地方の中心地ヴィアナ・ド・カステロには刺繍でメッセージを伝える風習があります。17世紀に誕生した習慣で、女性から想いをよせる男性に刺繍入りのハンカチを贈りました。恋人への想いを綴った詩を刺繍し、男性がハンカチを身につけることで婚約が成立したとみなされたそうです。現在ではお土産品として、花、鍵、ハート、鳩、麦、カタツムリなどが描かれたメッセージ入りのハンカチが売られています。

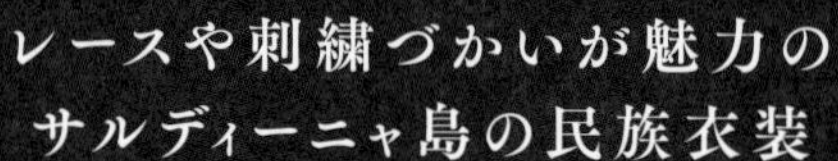

イタリア共和国

ITALIAN REPUBLIC

ベール
お祭りや冠婚葬祭などのフォーマルな場所では白いベールをかぶります。

ブラウス
リネンのブラウス。胸元はレースや刺繍で彩ります。

スカート
細かいプリーツの入ったスカートは、広がると大きな円形になります。オルバーチェやウール、更紗など地域によって素材は異なります。

イスカールパス
栗色か黒い靴。一般的にヒールは控え目です。

地理的背景

地中海にあるブーツの形をした半島。周囲にはサルディーニャ島やシチリア島があります。サルディーニャ島はイタリアの自治州で、イタリアとアフリカのちょうど中央に位置しています。地中海性の温暖な気候でありながら、春と秋には大西洋からの温風が、冬には北からミストラルが吹きつけます。また、夏にはアフリカ大陸から砂と湿度の高い熱風が運ばれ、気温は40度を超えることもあります。島のほとんどが高原地帯で、昔ながらの羊飼いの暮らしとともに3000種類もの民族衣装が残っていると言われています。

歴史的背景

サルディーニャ人の祖先は、中央アジアのメソポタミア文明を築いたシュメール人だと言われています。アラビア文明へと勢力を拡大し、エジプト、地中海をわたりサルディーニャにたどり着いたとされています。その後地中海覇権を争う、諸帝国の侵略を受けましたが、サルディーニャ人たちはわずかな山岳地帯に逃げ延び独自の文化を守ってきました。1300年ごろから400年間、当時スペインを治めていたカタルーニャが島を支配します。1720年にサルディーニャ王国として独立、1861年にイタリアに統一され自治州となりました。

服飾的な特徴

ベール、ブラウス、ベスト、ボディス、スカート、エプロン、イスカールパスが基本的なスタイルです。被りものは出身の村によって様々で、枚数やベールの種類も豊富にあります。ベスト、ボディス、スカート、エプロンも特に決まった材質はなく、村によって丈や装飾もそれぞれです。クレタの影響を強く残す地域ではブラウスの胸元を大きく開けて着ます。サルディーニャでは17世紀のイエズス会の台頭でブラウスの着方を規制されましたが、本来女性の乳房は、豊穣、太陽への敬い、子孫繁栄を表すなど重要な宗教的アイコンでした。

キルト発祥の地、スコットランドのハイランドドレス

英国

（グレートブリテン及び北アイルランド連合王国）

UNITED KINGDOM OF GREAT BRITAIN AND NORTHERN IRELAND

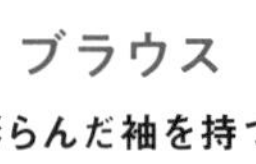

ブラウス

膨らんだ袖を持つ真っ白なブラウス。

ベスト

黒や紺赤などキルトに合わせた色のビロードのベストで胴を締めます。

キルト

格子柄（タータンチェック）のスカート。格子の色や組み合わせによって所属や出身を表すもの、デザインとして使用していいものなど一つ一つに意味があります。

地理的背景

スコットランドの北部ハイランドは、ゲール語やケルト音楽に馴染みがあるなどアイルランドに近い文化圏です。民族衣装のキルトは現在イメージするものとは違いとても長く、体に1～2周巻きつけてから余った部分を肩にかけていたようです。ハイランドの羊飼いは家から遠く離れた場所で夜を迎えた時に、キルトにすっぽりくるまって暖をとり眠ることができました。現代で着る際は、女性の場合はベルト位置で、スカート丈をロングにもショートにも調節することができます。ウエストから上の部分は、羊飼いのように肩掛けにしても頭からかぶってマントにしても良いそうです。

歴史的背景

キルトの始まりは17世紀スコットランドのハイランド地方でした。かつてのキルトは長い毛織り物で、その土地でどんな染料の素材がとれるかで格子模様の色が異なっていました。その地域で作られるキルトの中から好きなものを着るという風習だったようです。18世紀になり英国がスコットランドを支配します。その際に、武器を持つことともにキルトの着用も禁止しました。黒いタータンの制服が支給されたことから、軍隊で使用されるものはブラック・ウォッチと呼ばれています。第1次世界大戦のころ、スコットランド連隊が組織されると、士官や貴族たちが豪華にアレンジしたキルトを着用し始め、氏族を表すものとなりました。キルトにバグパイプが印象づいたのはこの大戦時だと言われています。

服飾的な特徴

イラストは短めのスカートですが、ハイランドダンスを踊るダンサーは、シフォンパニエを履き、プリーツの効いたスカートを履くこともあるそうです。王室で使用されるロイヤルタータンの以外に、地域ごとに柄が違うディストリクトタータンがあります。

花や葉が浮き出るように見える刺繍が
見事なカロチャ地方の民族衣装

ハンガリー

HUNGARY

カチューシャ

リボンを寄せて作った頭飾りです。既婚女性はカロチャ刺繍の被り物をします。

ブラウス

カロチャ刺繍が施されています。（ブラウスの上にベストを着ることも多く、そのベストにもびっしりと刺繍が施されています）

エプロン

カロチャ刺繍で彩られたエプロン。ところどころにレースの透かしが入っています。

スカート

細かいプリーツの入ったスカートです。裾周りにはカロチャ刺繍つきのリボンをつけることもあります。

地理的背景

ヨーロッパ内陸に位置し、7カ国と隣接しており古くから東西交易の中心地として栄えました。農業国でもあったハンガリーは18、19世紀の産業革命を機に、国を挙げて刺繍製品の輸出に力を入れました。これにより、服飾技術は洗練され、各生産地で特徴的な刺繍が施された衣装が作られるようになりました。ブタペスト南部カロチャ地方ではカロチャ刺繍、ブタペスト東部のマチョー地方ではマチョー刺繍、チェルハート山脈の村では独特な色使いと技法を使ったハンガリー衣装が発達しました。ブタペスト周辺は16世紀にオスマン帝国の支配下にあったため、チューリップやバラの紋様がよく描かれます。これらの地域では、紋様は同じでも使用する糸の色によって地域差を表します。

歴史的背景

古代ローマ時代にパンノニア州と呼ばれており、パンノニア人が都市を築いていました。4世紀に東方からの民族流入によりアジア系民族のマジャール人に占拠されます。現在のハンガリー人の基幹はマジャール人といわれています。ルーマニア・トランシルバニア地方では花柄プリーツスカートが民族衣装となっており文化の共有点が見られます。

服飾的な特徴

カロチャ刺繍は、19世紀にはじめられた当時は、白地に白い刺繍で単調な模様を表すものでした。産業革命の波に乗るうちに、20世紀に入ると現在のカラフルで立体的な刺繍にレース風のカットワークを加えたものが生まれました。ハンガリーでは革の縫い合わせに色糸を使用することがあり、これらの技術があいまって、花や葉が浮き出るように見えるカロチャ刺繍が完成しました。

刺繍とレースで名高い国らしく、きめ細かく華やかな装飾が特徴

チェコ共和国

CZECH REPUBLIC

飾り襟

綿密な花模様の刺繍が施されている。生地にあけた穴をかがるアイレット技法や、土台の布に図柄の輪郭線を細かいボタンホール・ステッチでかがり、模様の内側の地布の部分を切り抜いて透し模様や浮彫効果を出すオープンワークという技法が使われることが多い。

ヘッドドレス

頭全体を覆うボンネット型。小花の装飾品が立体的に取り付けられています。

バルーンスリーブのブラウス

木綿製で殆ど直線に裁断され、ギャザー、タック、リボン結びなどによって、立体化されている。イラストはアコーディオンプリーツスタイル。

スカート

ラップ（巻き）式が多い。花柄刺繍が施され、ウエスト飾りの巾広リボンも花柄が定番。

地理的背景

中部ヨーロッパにあり、ドイツ、オーストリア、スロバキア、ポーランドの4カ国と隣接、それぞれの文化の影響を受けています。

大きく分けると、西部にあるボヘミア地方、東部にあるモラヴィア地方、北東部にあるシレジア地方に分かれています。

歴史的背景

14世紀にボヘミア王が神聖ローマ帝国の皇帝に即位すると、帝国の首都となったボヘミア地方のプラハは、ヨーロッパ文化の中心地として栄え、チェコは黄金時代を迎えます。しかし15世紀にはオーストリアのハプスブルク家の統治下に置かれ、20世紀初頭まで暗黒の時代を過ごすことになります。

今に伝わる色鮮やかなチェコの民族衣装は、長きにわたる逆境の中でも楽しみを見つけ、民族意識をしっかり根付かせていこうという農民の間で確立され、19世紀ごろには完成したと言われています。

現在も祭りや伝統行事で着用、男女によるパレードで披露されます。

服飾的な特徴

チェコの地方ごとにデザインやテイストに特徴がある中でも、本書で紹介するのは特に保守的なことで知られるモラヴィア地方の衣装。

「クロイ」と呼ばれるこの衣装は、西部のプラハから離れて東に向かうほど都市部のファッションの影響を受けづらいという立地条件もあり、手の込んだ刺繍や装飾品を配した民族衣装が農民の間で発達したものとされています。

女性はアンダーシャツ・ペティコート・白いブラウス・ベスト・ブーツかストラップシューズが基本の構成。さらに、飾り襟・胸元に垂らす刺繍を施したリボン・エプロン・ベールや帽子やフードやスカーフなど様々な被り物が身に付けられます。

可憐で表情豊かな赤の色彩も印象的。

地方により
刺繍の色が変化する民族衣装、イエ

ルーマニア

ROMANIA

シュミーズ
襟元を縁取り、肩から袖口までが刺繍で彩られているブラウスです。

カトリンツァ
豊かな模様のあるシュミーズとタイトな巻きロングスカートは2枚セットで着ます。

地理的背景

ヨーロッパの南東に位置し、東は黒海、周囲を東欧5カ国に囲まれています。国土の西側が大きくトランシルヴァニア盆地となっており、山脈の東側はモルダヴィア平野とワラキア平野が続きます。全体を通して夏は暑く、冬は厳しい寒さが続きます。東西で大きく気候が違うため地方色が濃く、民族衣装にも強く影響を与えています。例えば、スカートは、北部ではタイトな巻きスカート、北東部ではプリーツのある短い巻きスカート、西部ではギャザースカートと一緒にダブルエプロンを身につけます。都市部では近代化が進んでいますが、地方では民族衣装含め昔ながらの暮らし方が残っています。

歴史的背景

ルーマニアはギリシア人が紀元7世紀に、黒海沿いの交易地点として発展させたことから都市文化が始まります。8世紀にカルパチア山脈に暮らしていたダキア人が一帯で暮らすようになりました。ローマの支配にあい、次第にラテン化していったのがルーマニア人の祖先と言われています。14世紀にモルダヴィア公国とワラキア公国を建国。15世紀にはオスマン帝国の支配下に入ります。ロシアの内政干渉により両公国は統一、トランシルヴァニア地方が統合され現在の形になりました。1991年12月には、新しい憲法が承認され、資本主義経済に基づく、「言論」「宗教」「所有の自由」がある共和国となりました。

服飾的な特徴

シュミーズ、エプロン、スカート、ベルトが、イエと呼ばれる民族衣装基本のセット。シュミーズは、ゆったりと余裕のある袖に、胸や腕の部分に赤や青の繊細な刺しゅうが施されています。地域ごとに異なり、西部では赤糸のみでシュミーズとスカートに刺繍を施します。トランシルヴァニア地方では、袖山に沿って刺繍をいれ、ギャザーでまとめた袖元をレースで飾ります。北部ではヨーク全体が刺繍で埋め尽くされます。

エーゲ海最大の島、
クレタ島の素朴な民族衣装

ギリシャ共和国

HELLENIC REPUBLIC

地理的背景

ペロポネソス半島・バルカン半島の南端に位置し、クレタ島をはじめとする地中海の島々があります。国土の3分の1をこの島々が占めています。クレタ島は紀元前3000年から紀元前1400年ごろに栄えた、ヨーロッパ最古の文明ミノア文明発祥の地です。エーゲ海では最大の島で、女性の幸せを願って壺占いを行うクリドナ祭りの日には町中の人々が民族衣装を着て踊る姿が印象的です。女性は民族衣装を着て、占いの壺を肩にかついで運びます。クレタ島以外の島でも、細かい花柄の刺繍や、ビーズ飾りなど個性豊かな民族衣装が発展しています。

歴史的背景

ギリシャ文明をはじめ、ローマ帝国、ビザンツ帝国と地中海沿岸を支配した国で栄えてきましたが、15世紀よりオスマン帝国による支配を受けていました。オスマン帝国の衰退とギリシャ人の民族意識の高まりもあり、1829年に独立しました。古くから東西文化の中継地点であったギリシャは、バルカン諸国やトルコの衣装の要素を多く取り入れています。プカミサ、フフラ（プカミサと共布のパンツ）はトルコの民族衣装からの影響を強く受けています。サルツァはクロアチア、スロヴェニアなどの旧ユーゴスラヴィア領のスカートとよく似ています。ポディアへの刺繍は東欧の影響を感じさせます。

服飾的な特徴

スコーフオマ（スカーフ）、コインや十字架のアクセサリー、プカミサ、フフラ、サルツァ、ポディアを着ています。従来のスタイルは、スカーフは赤、上衣は黒い長袖のジャケット、エプロンは白という装いが多いですが、本書では白を基調としたスタイルをご紹介しています。

母から娘へ受け継がれる刺繍技法が魅力の
ソフィア地方の民族衣装

ブルガリア共和国

REPUBLIC OF BULGARIA

シュミーズ

くるぶし丈のシュミーズ。十字や菱形、細かい花柄などが刺繍されています。赤色は血を表す色でより刺繍に込められる力が強いといわれています。

スクマーン

麻や羊毛で作られるジャンパースカート。シュミーズの上から着ます。

エプロン

スクマーンの上から巻きます。花柄の刺繍には魔除けの意味合いがあります。

地理的背景

バルカン半島の南東部に位置し、西アジアとの交易路であり、南にはギリシャ勢力が控えていました。4つの山脈が囲むように国中に伸びており、東西中央にそれぞれ主要な都市があります。ブルガリアの民族衣装はこの地方ごとにシュミーズへと違いが現れるのが特徴です。シュミーズはブルガリアの首都・ソフィアをはじめとする西部でよく見られます。十字架やジグザグが細かく織り込まれ、菱形、正方形、三角形は網目のように刺繍されます。樹木や草花の図案はドット絵のように様式化されて描かれます。赤や黒など濃い色を使うのもこの地方の特性です。

歴史的背景

ブルガリアは681年にブルガリア帝国として誕生しました。ビザンチン王国に一時征服されるも、12世紀にブルガリア第二帝国を建国。1396年からは「暗黒時代」と呼ばれています。オスマン帝国に支配された暗黒時代は、トルコがロシアに敗れる1878年までおよそ500年間続きました。19世紀はじめにブルガリア解放の機運が高まり、「ルネッサンス」時代と評されています。民族復興運動をきっかけに、現在のかたちに民族衣装が発展・普及していきました。

服飾的な特徴

シュミーズ、スクマーン、エプロン、編み靴下、なめし革のスリッパが基本のセット。刺繍は母から娘へ手仕事で受け継がれていくもので10代になると習いはじめます。刺繍は魔除けの意味合いのほかにも、結婚式の衣装には長寿、子孫繁栄などの意味が込められた図案が考案されました。一見すると幾何学模様に見える多くの図案には女神像も用いられており、キリスト教が伝わる以前の古代宗教の名残だと考えられています。

スクマーンは伝統的には黒が基調のものが多いのですが、本書ではエプロンとのコントラストが愛らしい、赤を基調としたスクマーンをご紹介しています。

リネンに施された
赤い幾何学模様の刺繍が印象的

ベラルーシ共和国

REPUBLIC OF BELARUS

ブラウス

植物模様や幾何学模様が赤い刺繍で施された白いブラウス。白には自由や高貴という意味があるとされ、ブラウスはどの地域でも白を着ます。

スカーフ

緑に赤い刺繍が施された白い頭巾タイプのもの。

スカート

ウールや麻、木綿のスカート。季節によって履きわけました。

ベスト

キャリコやベルベットでできたベスト。ブロケード刺繍やビーズなど豪華な装飾がされており、昔は裕福な家庭の女性のみが着ていたそうです。

エプロン

必需品で、鍵や家事道具、貴重品などの小物を入れられるようになっています。

靴

かつては裸足でしたが、今は黒いブーツが定番となっています。

地理的背景

ベラルーシは湖と河川の多い国で、隣国ポーランド・リトアニア・ロシア・ウクライナと河川が続いています。そのため14世紀リトアニア大公国時代には、商船が行き交い、各地の河辺に市場や商人たちの館が建てられました。交易に便利な一方で、戦争が起こると隣国の進路となりやすく何度も戦禍に巻き込まれてきました。現在のベラルーシ文化はベラルーシの農村文化そのものです。現在、都市部では洋装が一般的ですが、農村部や小都市では伝統的な衣装が着られています。

歴史的背景

ベラルーシ共和国は歴史上、ポーランド、リトアニア、ロシアの領土であった国で、ソ連の崩壊にともない1991年に誕生した比較的新しい国です。もともとこの地域には、独自の文化がありました。6世紀ごろバルト系民族とスラブ系民族が流入しつくられた農耕集落がはじまりです。9世紀以降、隣国の領土拡大のための侵略が続き、戦火に巻き込まれてきた経緯があります。モンゴル帝国や、ナポレオンのモスクワ遠征の進路にあり、第一次世界大戦ではドイツに占領され、戦場の最前線地域となりました。終戦後は、白ロシア・ソビエト社会主義共和国に組み込まれ、アフガニスタン侵攻で再び戦禍に巻き込まれます。10年も経たぬうちに、チェルノブイリ原発事故が発生、再度甚大な被害を受けます。ロシアからの独立の機運が高まり、1991年の独立にこぎつけました。

服飾的な特徴

ベラルーシは北緯53度に位置し、寒く水捌けの良い土地で育つ亜麻（リネン）の一大産地です。赤い幾何学模様の刺繍が印象的なスカーフ・ブラウスも白いリネンを使用したもの。リネンに赤い刺繍の手拭いを「ルシニキ」と呼び、東スラヴ民族の伝統的な生活でよく使用されていました。「縫い目は悪の通り抜ける場所」とする考え方があり、刺繍を施した日用品が多く見られます。

北部を中心に着用される、
ジャンパースカートに似たサラファン

ロシア連邦

RUSSIAN FEDERATION

ココシュニク

半帽の頭飾り。前たての部分には金糸銀糸の刺繍、真珠、宝石をふんだんに飾りつけます。

ルバシカ

ブラウス。ルバシカはロシア語で「シャツ」という意味で、男女の肌着、上着のシャツも全てルバシカと呼びます。

サラファン

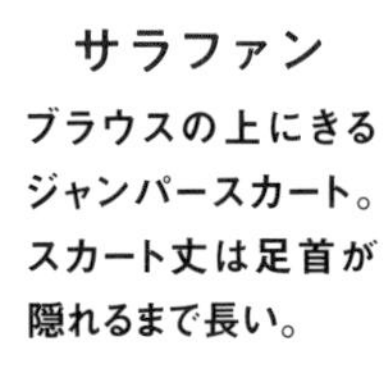

ブラウスの上にきるジャンパースカート。スカート丈は足首が隠れるまで長い。

地理的背景

ユーラシア大陸のヨーロッパからアジアまでの北部一帯を占める国です。全土が冬が長い寒冷な気候です。東部には山地や高地が偏在しています。多民族国家で、共和国や自治区ではそれぞれの言語や文化が残されています。イラストの民族衣装はウラル山脈以西によく見られる形です。北部ではルバシカ（ブラウス）の上に、サラファン（ジャンパースカート）を着ますが、南部ではパニョーヴァ（巻きスカート）を合わせます。流通経路は定かではありませんが、同様の形の民族衣装が、19世紀ごろのノルウェー、スイス、ピレネー山脈周辺のスペインなどでも見られました。東ヨーロッパの民族衣装に見られるエプロンでは、かつてロシアでサラファンの上につけていたエプロンが起源だとする説もあります。

歴史的背景

ウラル山脈以東のシベリア・ツンドラ地域には紀元前3000年から青銅器文化がありました。ウラル山脈以西では9世紀に興ったキエフ・ルーシ公国が長く治めていました。13世紀にモンゴルの侵入によりロシア一帯が崩壊、同時にキエフ・ルーシ公国がウラル以東への侵入を始めました。14世紀にはモスクワ・ルーシ公国が興り、17世紀のピョートル大帝時代に大帝国となります。この数世紀の間に東は太平洋まで、南はカフカス山脈まで領土が広がりました。18世紀に入るとシベリア地域の鉱山の開拓、西欧化が進み、飛躍的に近代化しました。1917年ロシア革命によりソ連が成立、1991年の崩壊後に各共和国が次々と独立していきました。

服飾的な特徴

モスクワの南東に位置するリャザン地方の衣装。ルバシカ（ブラウス）とサラファンを組み合わせます。ピョートル大帝の服装令で貴族の服装が西欧化されるまでは身分関係なくサラファンを常用していました。野良着用と晴れ着用を区別し、晴れ着には上質な素材と豪華な装飾が施されていました。ウエストをベルトで締める着方もあります。

COLUMN

民族衣装と風土

私たちは快適な生活を送るため、その土地土地の気候や地形によって、着るものにいろいろな機能を持たせ、その形を発展させてきました。

暑さ寒さや危害などから身を守るのも衣服の重要な役割。例えば、日中気温の高いインドやエジプトの民族衣装を見てみると、身体を締め付けず、身体と衣服の隙間がしっかりと確保されていて、暑い中でも風通しをよくする工夫が凝らされています。

このような熱帯から亜熱帯にかけての地域でよく見られるのが「巻き衣型」。腰のまわりや胸から全身を布でゆったりと覆うような衣服です。

亜熱帯から温帯地域にかけては、布の真中に通した穴から頭を入れてかぶり、身体の前後に垂らして着る「貫頭衣型」が多く見られます。

中でも温帯地域では、貫頭衣の前を縦に開けてはおって着る「前開き型」が多いのが特徴です。

寒帯地域では、体形に合わせて裁縫したものを着ることで耐寒や動き易さなどの機能性が高まる「体形型」と呼ばれるものが道具や技術の発達とともに進化していきました。

このように民族衣装は、気候風土に大きな影響を受けながら、生活に密着した文化として大切にされてきたのです。

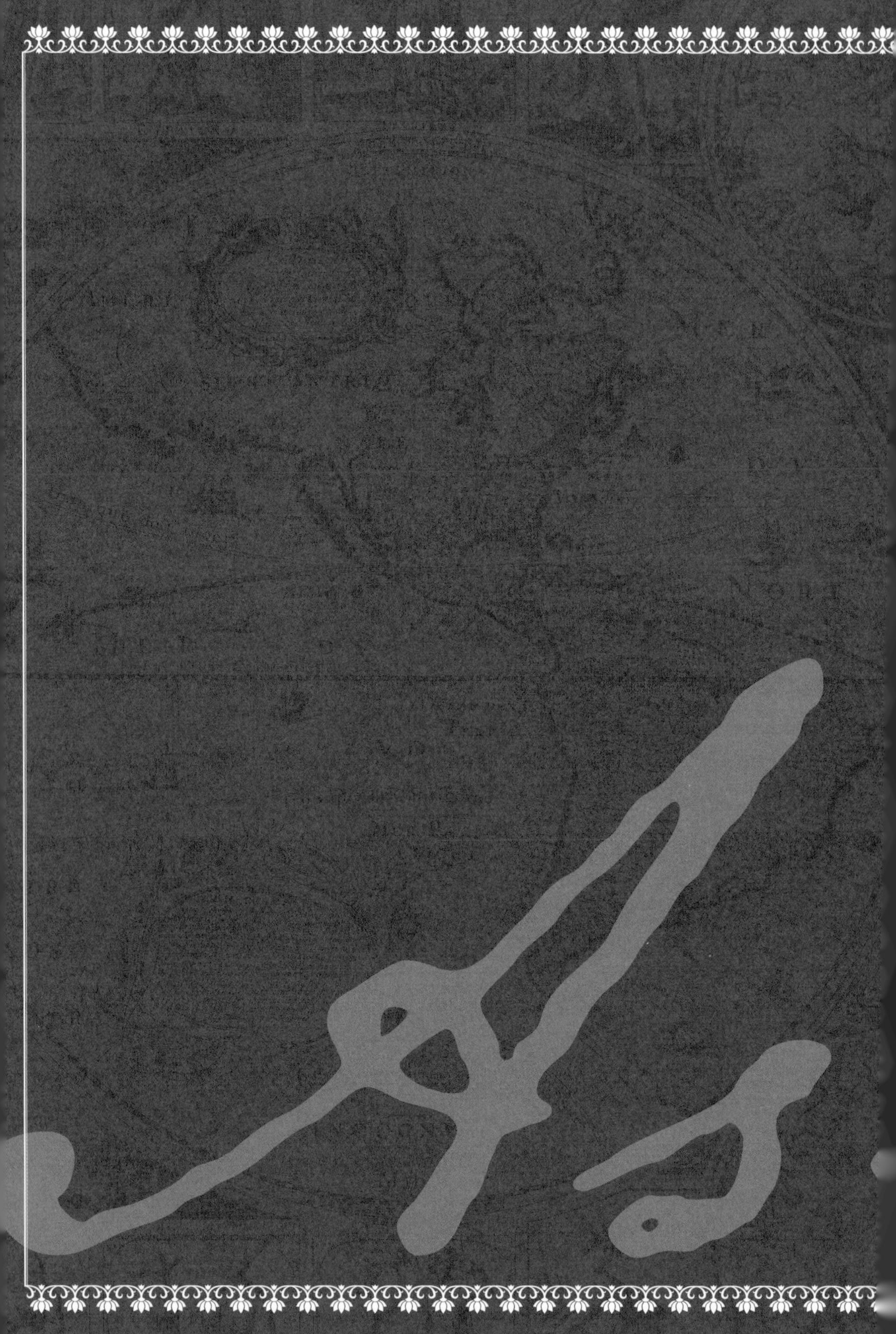

アジア

編

東西の文化が融合。シルクロードの
オアシスにもなった要衝を象徴するブルサの婚礼衣装

トルコ共和国

REPUBLIC OF TURKEY

ビンダリ

トルコ北西部の街・ブルサの婚礼衣装。ドレスには金糸刺繍で花や枝が飾られることから、「無数の枝」を意味するビンダリと呼ばれています。草花模様の中に邪視除けや豊穣の意味合いがある「ファーティマの手」がともに描かれることもあります。素材は絹のベルベットです。

テペリッキ

女性用の頭飾り。側面には銀貨を模した飾りが下がっています。

地理的背景

東西南北の中心に位置し、古くからさまざまな民族や文化が入り混じってきました。北は北海を挟んでロシア、南はエーゲ海・地中海を挟んでアフリカ大陸、東は中東諸国、西はギリシャ・ブルガリアと接しています。地形は、内陸のアナトリア高原、沿岸部の平野に大きく二分することができます。アナトリア高原は標高1000メートルほどで、樹木がほとんど生えないほど乾燥した地域です。かつてはシルクロードのオアシスとして栄え、イスラム文化が根付いていたこと、気候との相性が良かったことから、高原地域ではカフタンが着用されていました。ブルサは沿岸部の都市で、地中海の気候に似て一年を通して暖かく冬に雨が多く降ります。

歴史的背景

トルコは古代オリエント文化発祥の地であり、ギリシャ帝国、ローマ帝国、ビザンチン帝国と古くはキリスト教の拠点でした。13世紀、オスマン帝国の支配によりイスラム文化が浸透、領土の拡大にともない東西文化を有しました。現在でも国民のほとんどはイスラム教徒ですが、1923年にケマル・パシャ新政府が樹立、国家と宗教の分離が示され、西欧文化を取り入れるようになりました。

服飾的な特徴

テペリッキ（帽子）、ベール、ビンダリ（ドレス）。全身に豪華な刺繍が施されます。これらの模様にはイスラム文化が反映されており、衣装だけではなく、絨毯、日用品のタオル、テント、壁のタイルなどあらゆるものに施されているのが特徴です。植物が絡み合うような流動的な模様は、アラベスクを代表する模様で、ブルーモスクやトプカプ宮殿でも使用され、衣服では婚礼衣装によく用いられます。コーランの一説を表した文字模様は、絵画に匹敵する装飾としてモスクに飾られています。本書では現代風にアレンジされた衣装をご紹介しています。

模様がかすれて見えることが特徴の
絣の模様織を現代風にアレンジ

ウズベキスタン共和国

REPUBLIC OF UZBEKISTAN

ムルサク

袖付きで前開きのコート。胸が広くあき、両脇にギャザーが入っています。袖や裾から下に着ているドレスを見せます。

クルタ・プシャク

既婚女性がかぶる小帽。後ろについている細長い覆い布はおさげを隠すためのもの。装飾品が取り付けられています。

カフシ

浅型の靴。70年代半ばによく年配の女性がカフシを履く様子が見受けられました。

地理的背景

中央アジアの中心に位置する内陸国で、国土の大半は砂漠で、乾燥し、一日の気温差が大きく、夜間は冷え込みます。東部南部はパミール山脈から流出したオアシスが広がり、灌漑農業が盛んに行われています。その豊かな水源により中央アジアの随一の綿花生産国となり、絣の産地として栄えました。首都・タシュケントはシルクロードの中継点として古くから栄えました。国民の8割をウズベク人が占め、大部分がイスラム教を信仰しています。

歴史的背景

ウズベク・ハンをはじまりとする遊牧部族ウズベク＋スタン（国）からできた国名。紀元前1千年頃にイラン系スキタイ人がこの地に都市を築いていました。ウズベキスタンやイラン系の民族衣装は布を縫い合わせただけの平面構造の服ですが、紀元前5～2世紀のアケメネス朝の遺跡からは西洋文化圏でよく見られる立体型の洋服が発掘されました。

服飾的な特徴

民族衣装の一部として髪の毛を隠す文化は残っていますが、他国ほど厳しく定められていません。ロシアに併合されていたことから、1917年の10月革命により社会主義国へと移行。7世紀より続いたイスラム教の縛りから解放されました。特に女性たちの生活は大きく変わり、パランジャの着用をやめ、工業発展に伴い働きに出るようになりました。西洋的な立体の洋服が作られるようになりましたが、伝統的な絣柄は変わらず好まれ続けています。絣柄の布はアドラスといい、経糸は絹で想定した模様にそって染め分けられてから、木綿の緯糸と織りあわせられます。鮮やかな色と大きな模様が特徴です。本書でも、絣柄の布を使いながらも西洋風にアレンジされた衣装をご紹介しています。

高地に住むパシュトゥン族が育んだ
伝統柄の刺繍が特徴

アフガニスタン・イスラム共和国

ISLAMIC REPUBLIC OF AFGHANISTAN

ケミス
ハイウエストに切り替えのあるワンピース。胸元に菱形を連ねた部族の伝統柄の刺繍が入っています。

パルトゥグ
膝から下が蛇腹になっている細いズボン。

地理的背景

西アジア6カ国に囲まれた内陸国で、国の中心部を東西にヒンドゥークシュ山が横切っています。そのため国土の7割以上が山岳地帯か高原で、日夜の寒暖差が大きいです。パシュトゥン族は高地に住む人口1000万人を超える最大の民族集団です。地下水路が豊かで遊牧や農耕を行う人が多く、高地に住む人々の衣装にはウールが使われ、刺繍のベストで体温調整ができるように工夫されています。冬場にはチャパラという綿入りのどてらのような外衣を着ることもあります。

歴史的背景

1747年にアフガニスタン王国の一部となり、その後イギリス保護領となりました。1919年に独立を果たしましたが、政治的に不安定な状況が続いています。アフガニスタン時代から戒律の厳しいイスラム教国で、都市部では教えにしたがったスタイルを守ってくらしています。女性は家族以外の男性に顔を見せてはいけないという教えを守るため、全身をヴェールで覆うチャドリを着用します。頭部は帽子になっていてスッポリかぶることができ、目の部分はメッシュになっています。20世紀には国家の推進でチャドリ廃止の傾向にありましたが、情勢により着用を義務づけられることもあります。

服飾的な特徴

ケミスとパルトゥグのツーピース。ケミスの袖、肩、前腰に飾られる円形の飾りもののことをワッテと言います。ビーズを連ねて幾何学模様を描いた15センチ前後のアクセサリーです。縁取りに使われる青いビーズは、空と海の色であり砂漠地帯に暮らすパシュトゥン族にとっては縁起がいいとされています。また高価なラピスラズリやトルコ石の代用品としても扱われ、魔除けの意味合いも込めて重宝されています。

独自の信仰心を宿した
カラーシャ族の民族衣装

パキスタン・イスラム共和国

ISLAMIC REPUBLIC OF PAKISTAN

シュシュット
後ろにたれのついたヘアーバンド。多産豊穣を願う宝貝やビーズ、ボタンなどが縫い付けられかなり重たい帽子ですが、一日中つける習慣になっています。

おさげ
前1本、横2本、後2本、全部で5本のおさげ髪にします。近年若い女性たちのおさげは3本が主流になりました。

首飾り
赤いビーズを大量に連ねたネックレスで、魔除けの力を持つとされています。

帯
手織りのフリンジがついた帯。

ワンピース
ウールの黒地のワンピース。くるぶし丈で、襟元、袖、裾に赤や黄色で幾何学模様が毛糸（近年はアクリル糸）で縫いこまれています。

地理的背景

南のインダス川流域に国内の大半が暮らしており、国民のほとんどがイスラム教徒です。北部のチトラール県には独自の文化を残す民族が暮らしています。カラーシャ族もその一つで人口わずか4000人。アフガニスタン国境に近いボンボレット谷、ルンブール谷、ビリール谷の三つの谷に住んでいます。これらの谷はインド人殺しとの異名がつくヒンドゥークーシュ山脈にあり、外界との接触が難しい土地柄でもあります。カラーシャの生業は農牧業。交易に向かない土地柄のため、ほとんどすべての家族が畑と山羊を所有し自給自足の生活を営んでいました。

歴史的背景

カラーシャは文字をもたず、文献が残されていないため歴史の多くが謎のままです。神に祈願や感謝をする際に山羊の血や聖なる小麦のパンを捧げて儀礼を行うこと、そして神が降臨する場所を聖の状態に保っておくこと、日常に「浄」「不浄」の価値観があるなど、独自の信仰を続けています。イスラム教徒たちは、古くからヒンドゥークーシュ山脈に住む彼らをカフィール（異教徒）、その地をカフィリスタンと呼んでいました。19世紀に周囲を統治していたアフガン王がイスラムへの強制改宗政策をすすめ、アフガニスタン国内のカフィリスタンたちは独自の信仰を失いました。当時、チトラール王国が治めていた土地に住んでいたカラーシャ族だけがかつての習慣を受け継いでいます。

服飾的な特徴

カラーシャ族は独自の信仰を持つ非イスラム教徒のため、女性はパキスタンの他の地域とは異なった装いをしています。パキスタンの大部分ではイスラム教が信仰されており、肌を隠すためのズボンやターバンを着ている女性がほとんどです。男性はすでにシャルワールやカミースなどのイスラム服に移行していますが、女性は各民族や地域の個性を色濃く残しています。

インドの影響を受けながらも、
山岳地帯ならではの衣装が育まれた

ネパール

NEPAL

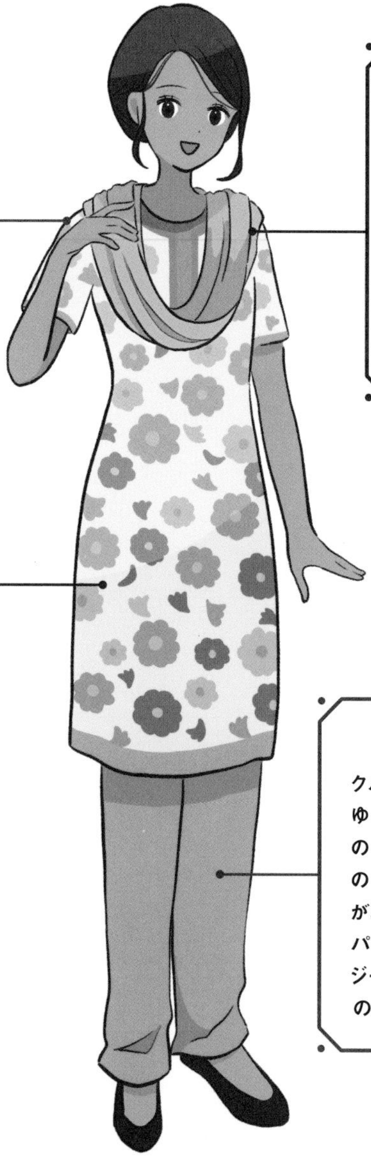

ショール

花柄刺繍の薄手のオーガンディでできています。

カスト

薄手のオーガンディでできているショール。サリーの代用として肩掛けを着ているそうです。都市部ではカストなしで歩く女性の姿も見られるようになりました。

クルタ

チュニックのように丈の長いトップス。クルタを作るには2メートルほどの長さの布が必要と言われています。サイドにスリットが入っています。

スルワール

クルタの下に履くズボン。ゆったりとしたシルエットのもの。細身のシルエットのものなど、色々なタイプがあります。都市部ではスパッツやコットンパンツ、ジーンズで代用する女性の姿も見られます。

地理的背景

ネパールはヒマラヤ山脈の中腹に位置し、国土のほとんどが山岳地帯です。カトマンズ盆地に多くの人が住んでいます。山岳地帯によって南北の気候が二分されており、北からはチベットの寒冷で乾燥した風、南からはインドの暑く湿潤な風が流れてきます。そのため、北では山羊や羊の牧畜、南では農耕が行われます。高地の冬は冷え込むため、北部の人々はウールの衣装を、南部の人は綿布の衣装を着用します。

歴史的背景

南アジア唯一の立憲君主国で、19世紀以来鎖国していましたが、1955年に国連に加盟しました。ネパールの周囲ではインド文明もチベット文明も発達していましたが、どちらの中心とも地理的な距離が離れていたため、土着の信仰や文化が色濃く残っています。衣装や芸術面ではインドの影響を受けている様子が窺え、ヒッタコ・パリヤという巻き布の衣装はインドのサリーによく似た着方をします。宗教面ではインドのヒンドゥー教とチベットの仏教どちらも信仰が認められています。

服飾的な特徴

ネパールの男性はダウラ・スルワルとダッカ・トピを着用し、女性はグニュ・チョロ（サリー）を着用します。

ネパールは多民族国家なので、様々な民族衣装が存在しますが、普段着としてはクルタ・スルワールが有名です。普段着から正装までと幅広く使えて、動きやすいのが特徴です。

この民族衣装は、丈の長いチュニック（クルタ）とズボン（スルワール）、ショールの3点セットが基本になっています。ズボンには2種類あり、ダブっとしたパンジャビスタイル 。スキニーのようにぴったりしたチュリダールスタイルがあります。普段着から正装までと幅広く使え、なおかつ 動きやすい のが特徴です。

刺繍と見間違うほどの
複雑な織りが魅力

ブータン王国

KINGDOM OF BHUTAN

コマ

キラの肩部分を留めるためのブローチで、20世紀に入ってから用いられるようになりました。留め具の中心部分にはトルコ石がはめ込まれており、魔除けの意味を持ちます。

ケンジャ

長袖のブラウス。

ケラ

キラを留める帯。おはしょり部分には、仕事で使う小物やお弁当を入れることもあります。

キラ

手織布を3枚つなぎ合わせて作られ、宗教的なモチーフが織り込まれています。布をたっぷり使うのは気候の変動に応じて調節する目的があります。

靴

フェルトの長靴。

地理的背景

ヒマラヤ山脈の東端に位置しています。北側はチベット自治区、南側はインドと接しています。南北で7000mの高低差があり、ほとんどが山岳地帯で、居住地域は河畔や盆地に限られています。主要産業は農業で、高地では畑作を、2500m以下の低地では稲作を行っています。そのほか、一部の地域ではヤクを育てています。民族衣装の素材は、木綿、麻、イラクサや羊・ヤクの毛など国内で手に入るものでできており、自宅の織機で織ることが多いです。チベット仏教の教えで、殺生を行わないため、蚕の殺生をともなう絹糸は中国から輸入しています。生活様式もチベット仏教に即しており、床に胡座で座ることが多いので、キラはサイドにゆとりが出るような巻き方をします。

歴史的背景

住民の８割はチベット系民族と言われています。王政国家でワンチュク家が世襲制で治めており、現国王ジグミ・ケサル・ナムゲル・ワンチュクは5代目。長らく鎖国状態にありましたが、第3代国王時代の1971年に国際連合への加盟が承認され、国際社会へ進出しました。第４代国王は、国民総幸福量を提唱し、あの有名な「世界一幸せな国」という認識が広まりました。伝統文化を継承するため1989年に公的な場での民族衣装着用が定められ、キラやゴ（男性の民族衣装）は学校の制服にもなっています。

服飾的な特徴

キラには配色や模様によっていくつか種類があります。染色方法は秘伝のものが多く詳細は分かっていませんが、糸は織元で独自に染められ、タシンという座機で織られています。織元は中心部と東部に集中しており、ブムタン（ウールの織物）やタシガン（草木染めの仏教紋様を織り込んだもの）が有名です。織り技法の中で最も複雑とされる片面縫取織りが多く用いられ、独自の織り技法はティマと呼ばれています。刺繍と見間違うほどの複雑な織りで、仏塔や卍などの宗教的な文様が多く織り込まれます。

マハラジャ(偉大なる領主)が護った
伝統工芸が生んだ美しいサリー

インド共和国

REPUBLIC OF INDIA

チョリ

丈の短いぴったりとしたトップスで、一般的にはみぞおちラインの長さ。半袖。サリーに映える色を選ぶそうです。

ビンディ

額を飾るビンディは、既婚女性の証です。他にも、頭飾り(ティカ)、ピアス、小鼻飾り(ナッツ)、首飾り、指輪、腰飾り、アンクレットなどさまざまな宝飾品で着飾ります。

サリー

幅1メートル、長さ5メートルほどの一枚布。地域や階級に応じて、生地、染め方、巻き方が区別されています。礼装用には金銀の刺繍、葬儀には白いサリーを着ます。

地理的背景

およそ845の言語・地方言語を持つ多民族国家。1956年の独立の際に言語区分ごとに地域を編成したため、州ごとに主要言語、民族文化が異なります。国民の80パーセントほどがヒンドゥー教徒で、サリーを無縫衣＝浄衣として重んじる発想はヒンドゥ教からきています。実際には、宗派、階級、地方関係なくほとんどの人がサリーを着用しています。同様の文化は隣国にもあり、パキスタン、バングラディシュ、ネパールなどでもサリーは着られています。

歴史的背景

世界三大文明のインダス文明が祖。インド発祥の王朝はいくつも興りましたが、アレキサンダー大王をはじめ、バラモン教のグプタ朝、イスラム教のマルムーク朝、モンゴルの血を引くムガル帝国、イギリスの東インド会社とさまざまな国の栄枯盛衰を見送ってきました。このことが現在のインドの多様性に繋がっていると考えられます。ヒンドゥー教の布を大切にする教えもあり、インドでは織物、手描き更紗、木版プリントなど美しい布が多く作られ、交易で大きな価値を持ちました。

服飾的な特徴

チョリ・サリーが基本のセット。それにあわせて宝飾品を身に着けます。最も重要視されることは、自分の所属にあった着方をすることです。サリーの巻き方、デザインで、既婚未婚・家族の職業・カースト・年齢・居住地域などのプロフィールを知ることができます。サリーの材質、装飾方法、染色、色彩、文様に至るまで、カーストに応じて細かく規制が定められています。カーストの異なる人との接触がタブー視されている地域では、お互いの自衛方法となり、生活の共同体としての一体感を高めるユニフォームのような意味合いもあるそうです。

タイシルクが一躍有名になった気品ある民族衣装

タイ王国

KINGDOM OF THAILAND

サ・バイ

帯状の一枚布を体に巻き付け、余った部分は左肩に垂らしています。レースや細いプリーツなどの飾ったものもあります。

パー・ヌン

下半身に巻きつける布。筒状に縫われているのがパー・シン。体正面でドレープを作りベルトで締めます。

地理的背景

太平洋とインド洋に接し、インドシナ半島からマレー半島の中心まで位置しているため、交易や戦争時には重要な役割を果たした国です。赤道に近い熱帯の国で、1年間の平均気温は28度で、雨の多い5月～10月には湿度も上がりジメジメした空気になります。高温多湿の中でも快適に過ごせるように、民族衣装の生地には木綿や麻など涼しく動きやすく丈夫な糸でできたものを使います。近年では絹を使ったものが主流となり、スカート状に作られたものを着ることもあります。

歴史的背景

ムアン・タイはタイ語で「自由な人々の国」という国名です。そのためか、他の東南アジアの国に比べ、タイでは国教の仏教のほか、ヒンドゥー教、キリスト教、ユダヤ教など少数派の宗教も受け入れられています。1993年まではタイ語で「黄金に輝く」を意味するシャム国として知られていました。第二次世界大戦時にはヨーロッパ諸国に領土を明け渡すことによって、現在の国土を保ち、植民地支配をされなかった東南アジア唯一の国となりました。周囲の国に比べインドからの影響が強く残っています。

服飾的な特徴

サ・バイ、パー・ヌン、ベルトがタイのフォーマルな装いです。布地はシルクなどの高級感のあるものが使われます。現国王ラーマ10世の母親のシリキット王妃は、タイの織物の保存、養蚕・絹織物の復活に力を入れたため、タイの民族衣装やタイシルクが一躍世界で有名になりました。女性の衣装は北部、東北部、南部、中部それぞれ、サ・バイのスタイルや色柄などに特色があります。

体のラインに沿うよう仕立てられる、
優雅さと機能性を兼ね備えたアオザイ

ベトナム社会主義共和国

SOCIALIST REPUBLIC OF VIET NAM

アオザイ

立襟、ラグラン袖(右脇の打ちあわせ)、ウエストあたりからの深いスリットが特徴。綿や絹、化繊とさまざまな素材のものが売られています。ベトナム語で「アオ=服」「ザイ=長い」という意味です。真っ白のアオザイを制服にしている高校や大学もあります。

ノンラー

ヤシの葉、藤、竹でできた円錐型の笠。古都フエの特産品としても有名です。

クワン

アオザイとツーピースセットになっており、アオザイの下に履くゆったりとしたパンツ。かつては未婚者が白、既婚者が黒と決まっていましたが、現在では好きな色を選ぶことができます。

靴

特に決まったものはなく、伝統工芸品でもあるシーグラスのサンダルや、メッシュサンダル、ハイヒール、スニーカーなどを履いています。

地理的背景

南北に長く伸びる国土には、およそ80パーセントを占めるキン族と50以上の少数民族が暮らしています。アオザイはキン族の民族衣装です。北部の山間部に暮らす少数民族には独自の文化が残っています。モン族は、藍染の布にクロスステッチやアプリケを施したカラフルな民族衣装を着ています。染めの色やステッチのモチーフでどこの民族か区別することができます。

歴史的背景

紀元前700〜100年ごろベトナム北部に青銅器文化を持つドンソン文化が興りました。ベトナムの起源とされているこの文化の遺物・銅鼓には、裾の前後左右4箇所にスリットの入ったアオザイの原型のようなものが描かれています。11世紀にベトナム北部を治めていた李朝が隣国・宋から科挙や儒学をはじめとした中国文化を取り入れ、アオザイもチャイナドレスから影響を受けたと言われています。その後、中国からの支配と独立を経て、18世紀、広南国第8代君主グエン・フック・コアットが、ベトナム文化のアイデンティティを確固とするため現在のアオザイの原型を整えました。現代的なアオザイが形作られたのはフランス領インドシナ時代。画家のカット・トゥオンが体のラインに沿ってくびれを作り、袖や襟にヨーロッパ風のデザインを施しました。1960年代になると、サイゴンで上腕が動かしやすいラグラン袖が考案され、大統領顧問夫人がポートネックのアオザイを着ました。また、女子生徒のあいだで動きやすいミニアオザイが着られるようになるなど、さらに自由に着こなすようになってきています。

服飾的な特徴

アオザイとクアンをセットで着ます。アオザイはベトナムの熱帯性気候に合わせ、絹や化繊などの薄い生地で仕立てられます。立襟、体に沿ったライン、ラグラン袖、ウエストの高さから足元までの深いスリットが特徴です。アオザイの下には、クアンと言われる幅広のズボンを履きます。

一部の地域でしか扱えない、村の一員しか持つことができない布で作られたクバヤ

インドネシア共和国

REPUBLIC OF INDONESIA

クバヤ

織レースなどの薄物でできたトップス。スタゲン(帯)で巻いてとめます。下にはコタン(胸あて)やアンキン(ビスチェ)を着ます。チャイナ襟がトレンドのクバヤ・シャンハイ、立襟と七分袖に総レースがゴージャスなロング丈のクバヤ・ブロカットなど、確認できるだけで90年代以降の流行ごとに14種類ものスタイルがあります。

カイン／サロン

巻きスカートで、左前になるように巻きつけます。一枚布をカイン、筒状に縫ってあるものをサロンと呼びます。裾が地面と並行になるように巻くこと、階級にふさわしい長さで着ること、階級にあった布地・モチーフ・色を選ぶことなどのポイントがあります。日常生活では、くるぶしが見えない長さが上品とされています。

地理的背景

インドネシアは島嶼国家の名前のとおり、主要5島とおよそ1万3000以上の島々から成り立っています。現在では300−350ほどの民族が暮らしています。各民族ごとに特徴的な布があると言っても過言ではなく、染め・織り・文様などが豊かに存在します。有名なものでは、ろうけつ染め、イカット、ジャワ更紗など。バリ島のテゥンガナン村のグリンシンはこの村だけのもの。世界的にも珍しいダブルイカットの織物です。織物に重きをおく考え方は「タントラ」（サンスクリット語で織物）と言われ、糸が紡がれ布に織り上げられる、その途切れない創造性と自由の偉大さに関係した言葉です。この考えはヒンドゥー教、仏教、ボン教、ジャイナ教にもあり、東南アジア各国に伝わっています。

歴史的背景

紀元前にバリ島に移り住んだ人々は一枚布を体に巻き衣装としていたと言われています。観光地として発展したのちにクバヤは目まぐるしいほどの流行の波を迎えます。年代により、肩のデザイン、袖丈、素材や身丈の長さなどが変化し、中には女性解放を説いたカルティニ女史が好んだデザインのクバヤ・カルティニという種類もあります。

服飾的な特徴

クバヤは冠婚葬祭すべてに色を変えることで対応でき、多くの人が一式揃えて持っています。お寺参りには、神聖な色の白か喜びを表す黄色。弔いには黒、焦茶色、濃紫、群青色などの暗く濃い色を着ます。村のお祭りには、皆で色を揃えて着ることもあります。一方で、カイン／サロンには神やアニミズムと結びついた色やモチーフを使用します。9つの基本原色、黒・青・白・桃・赤・橙・黄・緑・混合色があり、それぞれに対応した守護神や方角、聖数、シンボルがあります。色に意味を持たせるものに、グリンシンやポレン（魔除けの意味を持つ市松模様）があり、文様や技法で意味を持たせるものにソンケット（婚礼衣装や儀式の衣装）、プラダ（印金）、イカットがあります。

現在のモンゴルの多数派民族、
ハルハ族の礼装

モンゴル国

MONGOLIA

帽子

帽子には魂が宿ると言われていて、豊かさの象徴でもあります。塔のような形は天への憧れを表しているといわれています。髪の毛は「羊の角」と呼ばれる髪型。

ハラート

礼装の長衣で、立ち襟、折り返しのついた袖口、詰め物で盛り上げた肩が特徴です。

ウジ

ハラートの上に着る袖なしの長衣。ウエストの切り替えでギャザーがまとめられています。

ゴタル

革でできたブーツで、爪先が上を向いているのが特徴です。

地理的背景

北はロシア、南は中国と接するユーラシア大陸の中東部に位置し、モンゴル南部は中国の内モンゴル自治区として分断されています。国土の大半が草原と砂漠で、昼夜の寒暖差が30℃以上となる日もある過酷な気候です。モンゴルの普段着デールは、衣服でもあり、寝具でもあるため、寒暖差の激しい気候に対応できるような作りになっています。冬用のデールの裏には毛皮がつき、夏は薄い生地で作られます。また騎馬民族の名残で、足を開きやすいゆったりとした巻きに、落馬時に怪我をしないように金属を使わないなど乗馬に適した工夫がなされています。デールにはポケットがないため身頃にものを入れたり、男性は火打ち石や短剣、女性は裁縫道具を帯に吊るします。

歴史的背景

1206年チンギス・ハンによって建国されたモンゴル帝国は、4世紀栄えたのち1688年に清朝に支配されました。1921年にチベット仏教の活仏を元首とする国となりました。今でも多くの寺院が国内にあり、旧正月のお祝いなどが行われています。1924年ソ連に次ぐ世界で2番目の社会主義国となりましたが、1992年の新憲法では信教の自由が保障され、失われつつあったチベット仏教や伝統的なシャーマニズムが復活しました。伝統的な爪先が尖ったブーツの形は、モンゴル帝国時代より伝わるシャーマニズム信仰では大地を爪先で削らないようにするためといわれています。チベット仏教の教えに基づき、虫を殺生しないためという説もあります。

服飾的な特徴

「羊の角」と呼ばれる髪型は、固形のマトン脂で髪の毛を固めて作ります。銀やトルコ石、サンゴなどの宝飾品、護符、房など家伝の貴重な髪飾りを使い髪を留め、毛先は容器に入れて処理します。男女ともに帽子は重用されているため種類が多く、形は円錐型、兜型、頭蓋帽があり、素材も織物、サテン、ビロード、フェルトなど様々。組紐で縁取りがされたり、毛皮や羽をあしらったもの、ビーズや石で飾られたものなどがあります。

広い国土の多様な文化の中で育まれ、
長い歴史とともに変化を遂げてきた衣装

中華人民共和国

PEOPLE'S REPUBLIC OF CHINA

襖（アオ）

ヨーロッパや満州族の影響を受けて袖や見頃が細身になっています。

裙（チュン）

足元まで隠す丈の長いスカート。

地理的背景

東部の平地から西に向かうにつれて標高が高くなり、ヒマラヤやアルタイなどの山脈が西端にあります。黄河、長江をはじめとする大河も流れており、自然が豊かで国土が広い分気候も多様性に富んでいます。また600近い自治区があり、少数民族も多数暮らしています。国民の90パーセントをしめる漢民族のルーツは現在の中国南部あたりにいた遊牧民族・周で、周辺の部族を吸収合併していくうちに、漢民族となっていったと考えられます。諸外国の影響を受ける前の衣服を見ると、温暖な気候や遊牧生活に即したゆったりした衣服の工夫がよく分かるようになっています。

歴史的背景

紀元前22世紀に中国北部にあったとされる夏王朝から中国の歴史は始まるとされています。さらに古く国家ができる前から、麻を使った衣服を身につけていたと考えられ、紀元前16世紀の殷周時代には養蚕や絹織物の生産が行われていました。10世紀ほど後の後漢時代に法律で服装を規定し、この制度は2000年間中国の公服制度として引き継がれました。辛亥革命後はヨーロッパスタイルに近づき丈の短い細身の服が作られ、現在でも洋服とともに着用されています。

服飾的な特徴

襖と裙のセットアップに、靴や髪飾りをつけます。襟元や打ち合わせの形でどこの民族の衣装か判断することができるそうです。ほかにも、服飾には五行思想に基づく紋様と色がつけられていることが多いです。日本人にとって中国の伝統的な民族衣装として、まず思い浮かべるのは旗袍（チャイナドレス）かもしれませんが、チャイナドレスはもともとは満州貴族の衣装「旗装」を改良し、1920年代頃から洋服の製法を吸収して定着した民族衣装。一方の「漢服」は「漢民族伝統服飾」の略。つまり、「漢民族が着ていた服＝漢服」ということになり、時代ごとにそのデザインが大きく異なります。

山岳地帯に住むタイヤル族の
鮮やかで活動的な民族衣装

台湾

TAIWAN

タラル

平常用には黒い綿の布に花を刺繍したもの、正装用には組紐や花刺繍を連ねたものをつけます。

紋面

顔に彫る刺青のこと。

首飾り

細工が細かいカラフルなビーズで彩られています。

上着

かつては自ら座機で織ったそう。野生の麻を紡いだ糸やウールや木綿の糸を使って、赤色をベースにいろんな色で模様をつけていきます。

袈裟

綿の周囲に赤、黄色、緑、黄色、赤と5段の毛糸の組紐を縫い付けたものです。

腰巻衣

幅広の布を巻きつけます。丈の長いエレガントなものと、短めの動きやすいものがあります。

脚絆

こちらも腰巻同様、巻きつけるタイプです。

地理的背景

日本の南西諸島よりも南に位置する亜熱帯の島国です。3000メートル級の山が十峰も南北に伸びています。東海岸にも海岸山脈があり、国土のおよそ3分の2が山岳地帯という険しい地形です。残りの西海岸には肥沃な平野が広がっています。山脈地帯に住む先住民族たちは外界との接触が少ないことから階級意識の高い文化が発達していたと考えられます。貴族と平民の区別をつける手段として、貴族の衣装は飾りをふんだんに使い権威を示してきました。鷹の羽、とんぼ玉のアクセサリー、タスキなど様々な装飾を見ることができます。

歴史的背景

台湾には山脈地帯に住む「高山族」と平地に暮らす「平埔族」が先住民族として暮らしていました。17世紀の大航海時代に、オランダやスペインが寄港し、侵略を受けました。その後は清国、日本が領有し、国際社会に国家として認められた今でも中国との力関係が伺えます。侵略の歴史の中で平埔族の文化はなくなってしまいましたが、高山族は9部族に分かれ固有の文化や言語、民族衣装が残っています。

服飾的な特徴

頭飾り、紋面、トンボ玉の首飾り、タラポ、クン、ツァツァブを身につけ、足元は裸足であることが多いです。紋面を行うのは台湾でもタイヤル族、セデック族、タロコ族のみです。文面の風習があり、成人の証や死後に祖霊の世界に辿り着ける条件と考えられてきました。額にある1本の直線と、頬にある大きな曲線が特徴で、6〜7歳の頃に彫られますが、紡織に熟練することが成人の証＝紋面を彫る条件でした。

儒教文化の影響で、慎み深さと品が
重要視されたハンボク（韓服）

大韓民国

REPUBLIC OF KOREA

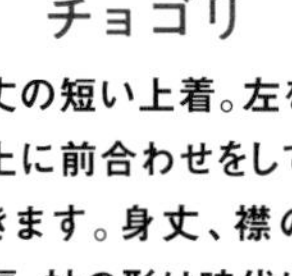

チョゴリ

丈の短い上着。左を上に前合わせをしてきます。身丈、襟の幅、袖の形は時代によって変化します。

ノリゲ

伝統的な房飾り。チマの結びひもやチョゴリのゴルン（結びひも）に結びつけます。

チマ

胸からくるぶしまでの巻きスカート。胸の上でひもを結んでとめます。動きやすさを求める学生らは丈を短くして着ることもあります。

地理的背景

山間部の多い半島で、夏は30度以上と暑くなり、冬は北からの季節風でマイナス30度まで冷え込む大陸性気候となっています。気温の変化に対応するため、韓服（ハンボク）は、絹・麻・木綿と素材を変えたり、単衣・袷・綿入れと仕立てに工夫を凝らしました。隣国の文化の影響を受け、陰陽五行に基づき「赤・青・黄・黒・白」の五色が邪気を払い幸せを呼び込む色とされています。子どもの晴れ着の袖やチョゴリの結び紐、バンジャンと呼ばれる成人男性の上着の袖など、特別な日の衣装には五色の縞模様（セクトン）がよく使われています。

歴史的背景

紀元前に朝鮮半島に移住してきた民族や北方の騎馬民族が、現在の朝鮮民族の祖といわれています。14世紀～20世紀の朝鮮王朝時代には、儒教に傾倒し身分制度が厳しく設けられました。服飾も階級によって区別され、紅色のチマ（スカート）は王妃のみが身に着けることを許され、王族以外がこの色を使うことは禁じられました。農民はハレの日以外は色のない白服を着用したと言われています。現代ではパステルカラーのものやレース素材のものなどのチマ・チョゴリがあり、観光地での写真撮影が人気です。

服飾的な特徴

チョゴリ（丈の短い上着）、チマ（巻きスカート）、インナーとしてソッパジ（ズボン）とソッチマ（ペティコート）が基本。ノリゲなどの飾りをつけることもあります。ソッパジは特に冬の防寒具の側面が強くソッチマの下に着ます。ソッチマはチマ（スカート）を膨らませウエストラインを隠すように何枚も重ねて履きます。儒教文化が浸透したことで、女性の慎み深さと品が重要視されはじめたため、体のラインを隠す服の着方になったと考えられます。チマ・チョゴリの上から羽織るトゥルマギには、贅沢にブロケード（金襴）や絹、サテンを使うことがよしとされました。

元々は庶民が着ていた質素な小袖が
時代とともに華やかに進化

日本

JAPAN

半襟

本来は襦袢の衿が汚れないように付けられましたが、のちに装飾的意味を持ち、刺繍などで華やかな模様を表すようになりました。

帯揚げ

お祝いの装いで帯揚げをたっぷりだしてきます。七五三の祝着や振袖では、総絞りなどの華やかな帯揚げを用います。

振袖

未婚女性の第一礼装でした。ほかの着物に比べて袖が長いのが特徴です。成人式や結婚式のお色直しなどで着られます。

地理的背景

アジア大陸最東端の島国。南北に弧状に連なり、地域による寒暖差が大きく四季に富んだ国です。夏は高温多湿で、冬は寒冷になります。日本アルプスが南北に伸びており、日本海側と太平洋側での気候が大きく異なります。日本海側では冬に雪が多く、太平洋側は比較的温暖です。多湿な気候に合わせ、広くあいた袖とV字の襟合わせで体熱を効率よく放出するように工夫がなされています。重ね着をしたり、素材を変えることで体温調節が可能です。

歴史的背景

現代の着物の始まりは小袖です。平安中期の公家の時代、貴族が大袖（唐衣裳、束帯など）の下に着ていた小袖は庶民の間でも一枚着として着られていました。平安時代の末から江戸時代にかけて武家が台頭したことで、元々庶民の日常着だった小袖が、絹製になったり刺繍や染めで模様をつけるようになったりと、華やかになっていきました。明治以降は、洋装化が進み、小袖と大袖という概念が薄れたため、小袖が着物と呼ばれるように。戦後になると一般女性にも急速に洋装化が拡がり、今では七五三、成人式、結婚式など、特別な行事で着るものとなりました。

服飾的な特徴

襦袢、着物、帯、帯揚げ、帯締め、足袋を履きます。着物には、打掛、黒留袖、色留袖、訪問着、色無地、振袖、紬などなど、フォーマルなものからカジュアルなものまで多種多様です。代表的な技法に、友禅染め、型染め、刺繍、絞り染めなどがあります。

COLUMN

民族衣装と色

民族衣装は、世界各地に住む人々が、それぞれの居住エリアの風土や生活様式に適応させながら、長い歳月をかけて築き上げてきた衣装です。

色、形、柄にそれぞれ意味がありますが、特に色彩は、民族や文化、宗教や歴史と切っても切れない関係にあります。

例えば赤。日本では、下着や七五三の着物で頻繁に用いられ、魔除けの意味が込められていると言われています。キリスト教社会では「神の愛」とキリストの流した「贖罪の血」を表す色という、互いに相反する意味を持っています。

例えば黒。キリスト教社会では闇を象徴し、冥界や暗黒の象徴として用いられている一方で、中国起源の陰陽五行説の中では天界の色彩として至上の色とされています。

例えば黄色。陰陽五行説では至上の色、ヒンドゥー教や仏教でも瑞兆の色とされています。また同じヨーロッパでも古代は豊穣の象徴でしたが、キリスト教文化では賤色とされていたり。

このように民族服には、それぞれの民族の伝統や、色に象徴される意味が如実に反映しています。

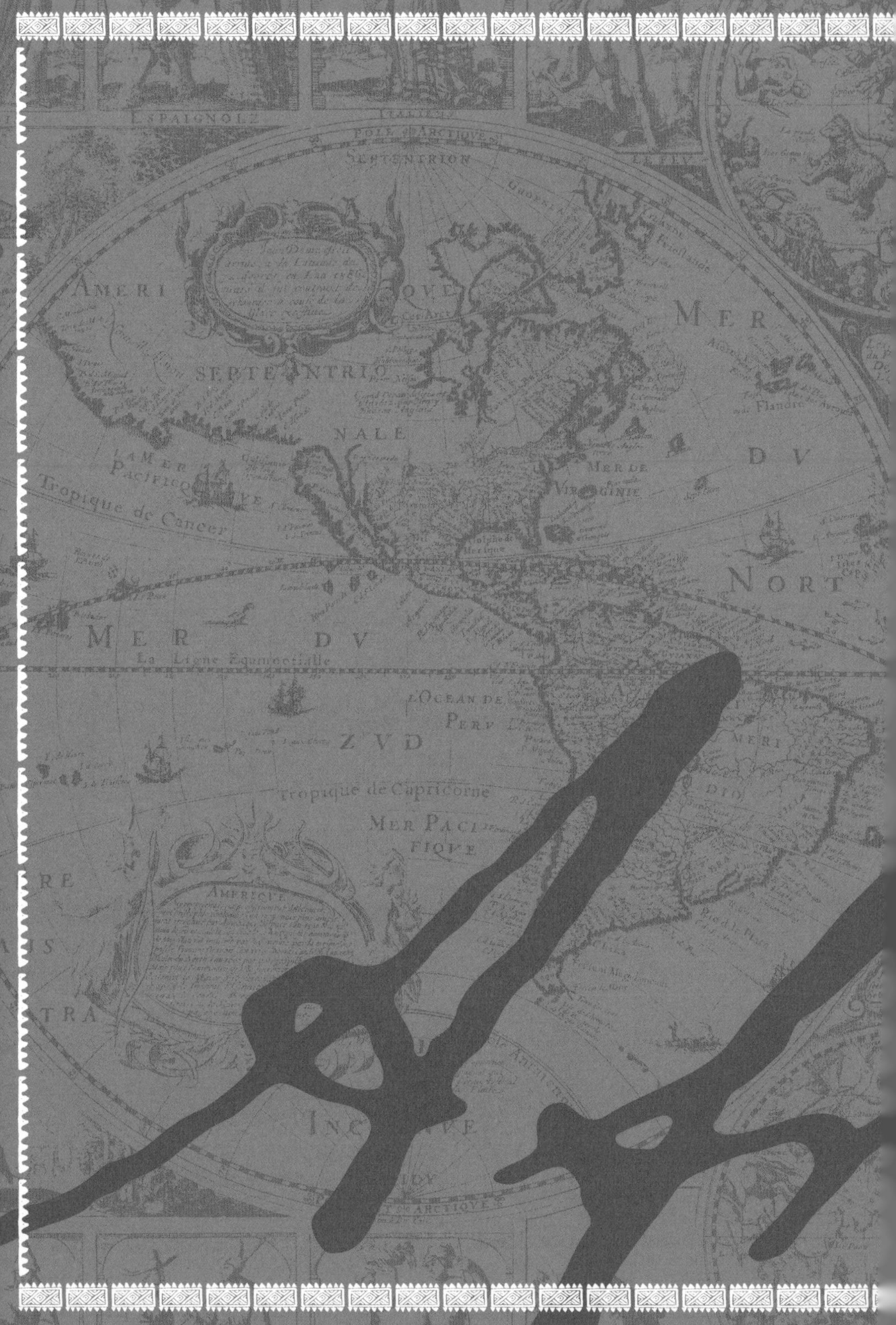

SEPTENTRION
AMERI
QVE
SEPTENTRIO
NALE
MER
DV
NORT
MER DE VIRGINIE
Tropique de Cancer
MER
DV
La Ligne Equinoctialle
L'OCEAN DE
PERV
ZVD
Tropique de Capricorne
MER PACI
FIQVE

アフリカ
編

ヨーロッパの影響を受けた染織品と
ベルベル人が育んだ文化が融合

モロッコ王国

KINGDOM OF MOROCCO

レタム
イスラムの教義に基づき目元以外を隠します。

ジュラバ
フード付きのチュニック。外套として洋服やガミースの上に着ます。フードなしのものはガンドゥーラと呼ばれ、スカーフを頭に巻きます。もともとは男性用衣装でしたが、フランスの保護領時代に女性も着用するようになりました。

バブーシュ
家畜の革で作ったスリッパのようなかたちの靴。かかとをつぶして履きます。

地理的背景

地中海とサハラ砂漠に囲まれており、地域によって気候は様々。地中海側は温暖で穏やかな気候ですが、内陸の砂漠に近い地域では、夏の最高気温は50度にも達し、冬の朝晩は氷点下になることも。寒暖差が激しいことから、ひと口に巻き布といっても薄手の綿や透け感のある絹、分厚い羊の毛織物まで素材が豊富にあります。ジュラバの三角にとがったフードは体温調整、砂塵よけの目的があります。

歴史的背景

先住民族のベルベル族文化とアラブ文化が融合。7世紀ごろに北アフリカ一帯がアラブに征服されると、イスラム教の浸透、衣服のアラブ化がおこります。11世紀にベルベル王朝が復興。ベルベル民族衣装を復活させつつ、イスラム教を国教とし、女性はヴェールで顔を覆うよう徹底しました。その後、ベルベルとアラブの国が乱立したことにより、互いの民族衣装が融合し現在の形になりました。1912年にフランスの保護領となると、ジュラバやカフタン（前開きの長衣）はイスラム服として重用されました。近年では、短めのジュラバにパンツスタイル、ジュラバの中は洋服やジーパンを着るなど、カジュアルに着こなす人も多いようです。

服飾的な特徴

アラブとベルベルの民族衣装が同化していく過程で、女性用の巻き布は主に4つに分類されました。「ズィーフ」は頭と首元を覆うスカーフ。ガンドーラと合わせて着ることが多く、ハイクを巻く下に着用することも。次の3種類は頭から裾まで覆うタイプ。「ハイク」はカラーバリエーションが豊富で自分の体型に合わせて作ります。マラケシュでは肩から斜めに袈裟懸けのような巻き方をしますが、地域によって巻き方が異なるとか。「イザール」はベルベル族の巻き布。衣服として着ることもでき、子供をおんぶしたり、荷物を運んだりすることにも使えます。

ヨーロッパの様式とイスラムの様式とが融合した
独自のマグレブ様式が特徴

チュニジア共和国

REPUBLIC OF TUNISIA

額飾り

婚礼の時に使用する額飾りで、金のコインがついています。

ストール

強い日差しから体を守る役割もあります。

巻衣

赤と黒に織り分けられています。巻き付けた布を背面で交差させて肩の上で両端を留めています。

地理的背景

北アフリカの最北端に位置している南北に長いかたちの国です。ヨーロッパ・シチリア島との距離はわずかで、同じ北アフリカのアルジェリア、モロッコと共に「マグレブ（日の沈む土地）」と呼ばれています。地中海を通じて、ヨーロッパ各国やローマ帝国から領土を守る歴史を強いられました。ほとんどの土地は地中海に面し肥沃な平地となっており、南部はサハラ砂漠で先住民族のベルベル族が暮らしています。

歴史的背景

紀元前9世紀にフェニキア人が建てたカルタゴがありました。ローマ、ビザンツ帝国、ウマイヤ朝、オスマン帝国と他国による支配の歴史が続きアラブ化していきます。19世紀にはアフリカ大陸の領土拡大を進めていたフランスの保護国となり、1956年についにチュニジアとして独立しました。カルタゴは、地中海貿易で栄えた国で、『テルマエ・ロマエ』で有名になったアントニヌスの共同浴場が世界遺産に登録されています。首都・チュニスには、独立の立役者ブルギバ初代大統領の名を冠した通りやモスクなどがあり、これまでの歴史を一望することができます。

服飾的な特徴

ベルベル人の衣装はストール、額飾り、ブラウス、巻衣が基本セットです。巻衣は真綿の色糸やスパンコールで鮮やかに彩られます。

地方や遊牧の民の中で伝承される
ゆったりとしたワンピース、ガラビア

エジプト・アラブ共和国

ARAB REPUBLIC OF EGYPT

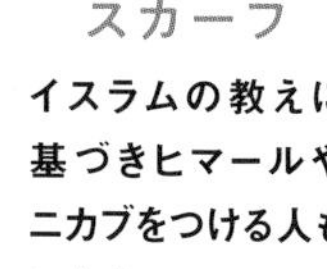

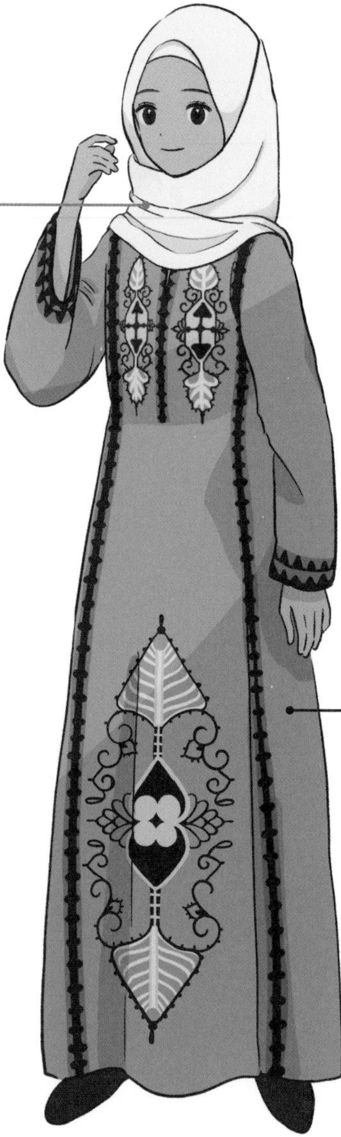

スカーフ
イスラムの教えに基づきヒマールやニカブをつける人もいます。

ガラビア
綿や麻でできたゆったりとした形のワンピースです。

地理的背景

北アフリカの東端に位置し、地中海と紅海を結ぶスエズ運河を有しています。ナイル川流域では古代文明が栄え、現在でも人口のほとんどがナイル川流域やデルタ地域に暮らしています。それ以外の国土の95パーセントは砂漠で、夏は暑く雨が少ない乾燥した気候で、遊牧民が一部生活しています。ナイル川の上流と下流の中心に首都・カイロがあり、都市を境に南側は乾燥し昼夜の寒暖差が大きい地域、北側は地中海性の温暖で雨が多く暮らしやすい地域です。国民の９割がスンナ派イスラム教徒で、残りがコプト派をはじめとするキリスト教徒です。地域や文化でそれぞれの衣装に多少の特徴はありますが、男女ともに長くゆったりとしたワンピース、ガラビアを着ていました。

歴史的背景

紀元前3000年ごろに興きた古代エジプト文明が起源です。その後、紀元前４世紀に地中海を超えたローマ時代が始まり、7世紀にはアラブより侵入してきたイスラム時代が続きます。その後18世紀のフランス軍の進軍まで、いくつものイスラム王朝が続きました。フランスやイギリスは交易を有利にするため、地中海をつなぐスエズ運河を巡ってエジプトを占領しようとしました。1953年にエジプト共和国が成立し、1971年に現在のエジプト・アラブ共和国に改称しました。19世紀から国内では近代化政策が行われた影響で、都市部では洋装が普及し伝統的な衣装は失われてしまいました。地方や遊牧を営む人のなかでのみ伝統服は継承されています。

服飾的な特徴

ガラビアは男女共通の民族衣装。地方によって、胸元や裾のデザインが異なります。デルタ地域やナイル川上流ではヨークとくるぶしたけのスカートが特徴の「ガラビア・ビ・スフヤ」が着られます。ナイル川中流では、ウエストに切り替えをつけた「ガラビア・ビ・ウエスト」が多く見られます。どちらも色鮮やかな綿で作られています。外出時にはサテンや絹で作られた黒い「ガラビア・サムラー」を着ます。

アフリカを代表する織物として
知名度が高いケンテクロス

ガーナ共和国

REPUBLIC OF GHANA

ネックレス

金やビーズで作ったアクセサリーです。ブレスレットやアンクレットもよく付けます。

ケンテクロス

赤・黄・緑や金を使ったものが多いです。幾何学模様や縞模様、動物などが描かれます。元々は男性用で、女性も男性同様にこのクロスを巻きつけて着ていましたが、近年はドレス型に縫製して着られることが増えたようです。

地理的背景

西アフリカのギニア湾に面し、北部はサバンナ気候。南部は熱帯雨林気候です。南部ではチョコレートの原料となるカカオが作られています。この地域にはアカン族が暮らしており、幅12cmほどまでしか織れない織り機を使用します。二重綜絖と足踏みペダルがついているものの、小型で持ち運ぶことができます。織り職人たちは自分の小屋の日陰に織り機をセットして作業します。アフリカの民族に多く見られるように、織りは男性や少年の仕事で、布は文化的に大きな役割を果たしていました。

歴史的背景

国民の7割はキリスト教徒。ケンテクロスは他のアフリカ地域からもアフリカ代表の織物として認識されていて、教会の牧師服の一部に使われています。8世紀頃、アカン族のうちの南部の大部分を占めるアシャンティ族は中国との交易で、自国で産出した黄金や輸入した塩を元手に、色鮮やかな絹布を仕入れました。アシャンティ族は非常に勢力が強い民族で、現在でも国の中南部一帯を占めています。19世紀には英国の植民地となり、黄金の産出が熱心に行われたことからゴールドコーストと呼ばれていました。1957年に独立し、中世のガーナ王国の名にちなんでガーナ共和国となりました。

服飾的な特徴

ケンテクロスは、ガーナに住むアカン族のうちの南部を占めるアシャンティ族やエウェ族に古くから伝わる織物。ギニア湾沿岸の地域では、10cmほどの幅の織物を作り、それを継ぎ合わせることで1枚の大きな布にしています。もともとは木綿素材でしたが、18世紀初めに交易によってもたらされた絹を解いて、織物に混ぜ込むようになりました。かつては金が使われた布や、デザインによっては身分の高い人だけが着ることを許された衣装でした。近年では、同じ光沢のある生地としてレーヨンが代替されるようになり、お祭りや儀式の際に見ることができます。

藍染した布、アディレが特徴的な
ヨルバ族の民族衣装

ナイジェリア連邦共和国

FEDERAL REPUBLIC OF NIGERIA

ターバン

衣服とお揃いの布で作った被り物。

アディレの衣服

ヨルバ語で絞り染めを意味していましたが、型染め、手描き、ミシン絞りなど、時代とともに技法が多様化し、アディレは藍染布の総称に。

地理的背景

ナイジェリア南西部のヨルバランドでは都市部の周りに、豊かな農業地が広がり、綿など輸出に使用する作物を育てています。アフリカの多くの国と同様で、縫い目のない布を巻きつける衣装が残されています。ヨルバランドの女性は巻き布とお揃いの被り物を身につける点が特徴です。ヨルバ族は藍染めを得意としており、その染めの技法は芸術品と称されます。綿と同様に湿気が多く生育に適した土地柄のため、野生の藍からも優れた染料を取ることができます。藍染した布をアディレと呼び、大量生産の綿製品と連携して作られています。陶器の大きな甕に染料を用意し発酵させ、発酵の準備が整うまでの間に、布に模様づけをし、染めつけます。

歴史的背景

ナイジェリアは人口1億人を超える大国で、大小250の民族が集まっています。南西部のヨルバランドは8世紀から10世紀ごろにヨルバ族によって都市化されたと考えられています。沿岸部の街の中で初めてヨーロッパ人と交易を始めたのもヨルバ族だといわれています。もともとの民族衣装の布地は手織りでしたが、20世紀以降は、輸入物の機械織の織物が多く使われるようになりました。

服飾的な特徴

藍染布はその技法によって名称が変わります。紋様はアディレ・オニコは、絞り目に小石や豆、植物の種などを入れて巻き絞ります。細かい幾何学模様を表したものがアディレ・アラベレ。模様の精密さからエトゥ（ホロホロチョウの模様）とも呼ばれています。柄を出したい部分をミシン縫いして（かつてはラフィアヤシの繊維で縫って）染めを防ぐ、縫い締め絞りで表されています。ヨルバ族がもっとも得意とするのが具象柄が描かれるアディレ・エレコ。キャッサバの根やトウモロコシから取れるでんぷん糊・ラフンを、鳥の羽の軸や葉の付け根に含ませ、手作業で模様を描いていきます。

変化の激しい気候に合う
手織り綿で仕立てた民族衣装

エチオピア連邦民主共和国

FEDERAL DEMOCRATIC REPUBLIC OF ETHIOPIA

地理的背景

アフリカの北東部に位置する内陸国で、国土のほとんどが高地で涼しい気候です。コーヒー豆の生産地として知られているエチオピアでは、日本の茶道のように、コーヒーを入れて客をおもてなしする作法があります。近年では、干ばつによる農業生産の落ち込みや、エリトリアやソマリアからの難民に加え、南北スーダンの軍事衝突による避難民が大量にエチオピア国内に流入し続け、経済に打撃を与えています。国民のほとんどはエチオピア正教かイスラム教を信仰しています。民族衣装の木綿の白い布は清浄や信仰を、胸元の刺繍はコプト聖十字を表しています。

歴史的背景

3000年以上もの歴史を持つ国で、世界遺産『アクスムの考古遺跡』は、紀元前から７世紀まで栄えたアクスム王国の首都の遺跡です。アクスム王国の初代国王メネリクⅠ世は、シバの女王とユダヤ王国ソロモン王の子供とされています。1137年に建国したザグウェ朝は、およそ100年栄えた王朝でした。熱心なキリスト教徒であった国王はアフリカのエルサレムを目指して岩場を掘り、『ラリベラの岩の聖堂群』ができたと考えられています。17世紀にエチオピア帝国が築かれました。アフリカ大陸の国では珍しく、イタリア領となった1936年からの5年間を除いて植民地化されることなく、独立を保ってきました。

服飾的な特徴

涼しい気候にも暑い気候にも合う実用性を備えたエチオピアの手織り綿がもっとも使われるのは、民族衣装「アベシャ・リブス」。男性の衣装は一般に細身のパンツに大きめのシャツ、上からガビ（厚手の綿ショール）を羽織ります。女性はワンピースにナタラ（薄手の綿ショール）を纏います。ガビ、ナタラ、ドレスには絹糸で伝統的な柄「ティベブ」が刺繍されている。絹糸は、昔はエチオピアの織り手たちが輸入された布をほぐし手に入れていたそうです。

機能性と華やかさを兼ね備えた万能布、
カンガが彩る民族衣装

ケニア共和国

REPUBLIC OF KENYA

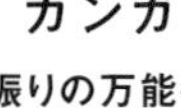

カンガ

大振りの万能布で、1枚だけを用いたり、上下1枚ずつ着ていることもあります。起源は、スカーフを縫い合わせたものとも、マサイ族のマサイシュカともいわれています。

カンガ

イラストは上下別々の柄を組み合わせていますが、市場では同じデザインのカンガを上下セットで売っていることもあります。

地理的背景

カンガが着用されるのは、ケニア・タンザニアを含むアフリカ大陸東海岸の地域。周辺の国々と比べ、欧米諸国が流入したあともスワヒリ文化が残っていることからスワヒリ地域と呼ばれています。サハラ以南のアフリカの国々と同様に、「布」が貴重品という価値観があり、実際に財貨として用いられていました。14世紀ごろ、小島キルワの原住民たちは、島を明け渡す要求に対して島の外周を覆うのに充分な長さの布地を求めたと言われています。

歴史的背景

19世紀以降、欧米諸国が交易を目的に多く来訪しました。交易によって持ち込まれたイスラム文化が定着し、スワヒリ文化として成立していきました。象牙や動物の革、奴隷が輸出され、布地を輸入しました。ペイズリー模様や布の四方を文様で縁取る形式はインドの木版更紗や絞り染布から取り入れられたとされています。カンガはスワヒリ語で「ホロホロチョウ」という意味で、交易以前はホロホロチョウのような細かいドット柄だったそうです。都市部の女性が輸入デザインの布を身につけるようになるにつれ、現在のような洗練されたデザインになっていったようです。

服飾的な特徴

カンガはおおよその定型があります。大きさはおよそ160センチメートル×110メートル。プリントの模様は四方の縁取り部分「ピンド」、中央の模様部分「ムジ」、スワヒリ語のメッセージ部分「ジナ」の3つの要素からできています。

COLUMN

民族衣装と柄、文様

民族衣装に施されている柄や文様には、それぞれの地域の文化背景がよく現れています。幾何学模様や動植物を模したものなど、様々ある文様。

モチーフとしてよく使われるのが花。世界各国の多くの民族衣装でその土地土地の草花をあしらった刺繍やプリントした模様が見られます。

中には、何をモチーフにしたのか想像ができない幾何学模様もありますが、これは、偶像崇拝を禁止しているため、花や鳥、人物などの具象柄が使えないイスラム教文化に由来しています。

ガーナのアカン族の民族衣装ケンテは、調和と愛を示す青と、収穫を表す緑、富を表す金を幾何学模様で表した文様が特徴的です。

同じ形でも、ところ変われば受け取り方、意味合いも変わることがあるようです。例えばひし形。タイのタイディーン族の間では、悪霊が身体に入らないようにするために、ひし形をたくさん描き込んだ柄の肩掛をつける習慣があるそうです。一方パキスタンでは丸みのあるひし形を太陽に見立てた柄が存在します。

日本の伝統文様にも、五穀豊穣、開運福徳、子供の成長、家族の健康や長寿、学業成就、家内安全、子孫繁栄、芸能の上達など、色々な意味が込められているとか。日本の「吉祥模様」＝「おめでたい模様」の代表格は松竹梅鶴亀でさまざまな模様とも組み合わされ、人々の思いや創意工夫がみて取れます。

アメリカ編

極寒の地・アラスカ州に見られる
イヌイットの知恵が詰まった衣装

アメリカ合衆国

UNITED STATES OF AMERICA

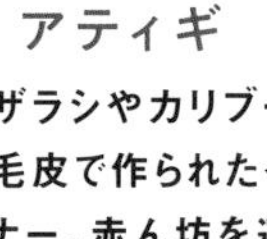

アティギ

アザラシやカリブーの毛皮で作られたインナー。赤ん坊を運べるように上部が大きくできています。

アマウティク

毛皮や羽毛がついたフード付きのカリブー製のコート。赤ん坊を運べるように大きなフード／袋がついています。中にはカリブーの皮が敷かれており、赤ん坊が汚すと入れ替えることができるようになっています。

ミット

アザラシの毛皮でできている手袋。ビーズでの飾りをつけておしゃれを楽しみます。

ブーツ

アザラシやカリブーの皮で作られる長靴スタイルのブーツ。毛皮片で作る幾何学模様のバンドを巻いています。

ズボン

防水性に優れたアザラシの毛皮でできたズボン。裾はブーツの中に入れて履きます。

地理的背景

イヌイットの暮らす地域はアラスカ州にとどまらず、北極海沿岸、シベリアの北東からアラスカ、カナダを通りグリーンランドまで、太平洋北部をおよそ9650kmにぐるっと帯状に広がっています。地理的な距離は広く言語も異なりますが、違う地域に住むイヌイット同士でも言語が通じたり、共通のアニミズム信仰を持っていたり共通点の見受けられます。狩猟や沿岸での漁労を行うことで生活しており、アザラシやセイウチを捕獲しています。

歴史的背景

旧石器時代からイヌイットは北極圏に住んでいて、北東のシベリア人との交流があったと考えられています。イヌイットという言葉は彼らの言語の一つで「人々」という意味を表しています。アラスカ近郊に住んでいたイヌイットたちは、紀元前2500年ごろにネイティブアメリカンの勢力拡大に追われ、現在の生活圏まで北上したとされています。ビーズやフリンジ、色のついた糸の刺繍などは交易を経て衣装に飾られるようになりました。

服飾的な特徴

イヌイットの民族衣装は基本的にアザラシやカリブーの皮でできています。シャツ、アマウティク、ズボン、ミット、ブーツなどは最強の防寒具とも称されています。ブーツの中には、湿気を吸収するために乾いた草や苔を詰めることもあります。靴底には、骨や象牙を加工した鋲が打たれ、雪が多い氷の上を歩きやすいように工夫されています。一方で、夏の時期にはブーツの代わりに同様の素材のスリッパを履くこともあるそうです。衣服を作る際には、肌着は毛皮を内側にし肌に触れるように、上着では毛皮を外にし水をはじくように工夫されています。これらの毛皮に関することは女性の仕事で、皮を加工して衣服を縫う、濡れた靴を乾かす、使用後の皮は干して柔らかく整えるなどしています。

鷲の羽、鹿のなめし革をあしらった、
狩人ならではの先住民の衣装

アメリカ合衆国

UNITED STATES OF AMERICA

羽付きバンド

平原で生活する先住民たちがかぶっていたウォーボンネットの1種で、神聖な鳥とされていた鷲の羽が使われています。ただの装飾品というわけではなく、その羽に本人が立てた手柄が象徴されているため、元々は男性だけがかぶっていました。

ケープ

布の端を細かく割いたフリンジついています。袖の部分は蝶々が羽を広げたようなフォルムになっています。

スキンドレス

鹿革などをなめして作った柔らかくてしなやかなワンピース。余った裾はポンチョと同様にフリンジにします。

モカシン

シカの皮をなめしたモカシン。古来の原形は（鹿などの）一枚革で足を包むように形成されたものでした。ビーズや刺繍で飾り付けます。

地理的背景

北アメリカにはパレオインディアンと呼ばれる狩猟民族が住んでいました。彼らはもともとアジア大陸にいて紀元前1万年ごろからマンモスやバイソンを狩り暮らしていたと言われています。ウィスコンシン氷河期にベーリング海峡が陸続きになり、アメリカ大陸に渡ったというのが通説です。アジア大陸時代に着ていた木綿の衣服を脱ぎ、バッファローなど大型動物の毛皮を纏うようになりました。勢力を広げ南下し、北アメリカ大陸全土に住むようになったと言われています。

歴史的背景

紀元前8000年の氷河期で大陸を渡って以来、パレオインディアンが暮らしていた北アメリカですが、17世紀からのアメリカ植民地時代にヨーロッパ諸国が次々と植民してきました。南部のヴァージニアがイギリスに占拠されると、オランダ、フランスが流入し、農園での労働や不当な交易が行われるようになりました。ヨーロッパとの交易でもたらされたリボンやビーズ、ボタンなどが装飾に使われるようになり、牧羊が始まったことで衣服の装飾に広がりをみせました。

服飾的な特徴

羽飾り、首飾り、ケープ、ベルトでとめたワンピース、モカシン。なめし革がメインの民族衣装にはクイルワークとビーズワークの２種類がよく用いられました。クイルワークはヤマアラシの毛を染色し、柔らかく平らにし、広げた面で模様を表現しました。ビーズ刺繍は18世紀にヨーロッパとの交易で毛皮と交換で輸入したものが始まりで、衣服や馬具などでビーズワークは発展し、部族独自の模様を描くようになりました。部族に共通するモチーフとして、メディスンホイール（丸に十字のようなシンボル）があります。シャーマン信仰のモチーフで、人生の４段階、東西南北、元素、春夏秋冬を表しています。

お祭り好きな国民性、リズムに合わせた動きに
映える衣装が発達

キューバ共和国

REPUBLIC OF CUBA

ターバン

ドレスと共布で作られた大きな布で頭全体を覆い、額の前で華やかに結い上げるのが特徴。

ドレス

肩まわりや裾にフリルがたっぷりと施されたドレスは、肩やデコルテを見せるビスチェタイプのものが多いようです。

地理的背景

西インド諸島最大の島国で、中南米で唯一の社会主義国です。プランテーションの名残を残し主要産業は砂糖きびとタバコです。アメリカの文学者ヘミングウェイはキューバン・ラムを、チャーチルはハバナ産の葉巻を愛用していました。3,735kmにおよぶ海岸線は珊瑚礁とマングローブで縁取られ、白砂の海浜、複雑に入り組んだ入り江、港街が並びます。「カリブの真珠」と言わしめる自然の美しさは、コロンブスも「人類が目にした最も美しい地」と称賛したそうです。海洋に囲まれ、貿易風が吹き込むことで一年を通して温暖な気候が続き、常夏の島とも言われます。

歴史的背景

先住民たちが暮らしていましたが、スペインのイサベル女王が派遣したコロンブスが到達以来スペイン領となりました。砂糖とタバコのプランテーション経営の過酷な労働のもとでインディオと名付けられた先住民族は減少、アフリカ大陸から連れてこられた黒人奴隷が導入されました。19世紀末に独立運動が活発化、1902年に独立を達成したが事実上のアメリカによる支配が続きました。1959年カストロの指導する革命により社会主義国となります。米ソ冷戦下にはキューバ危機が起こり、戦争を終えたばかりの国際情勢に緊張が走りました。アメリカによる経済封鎖は2015年まで続き、アメリカ大統領オバマの方針転換により国交を回復しました。

服飾的な特徴

男性の典型的な衣装は グアヤベラ。白の糸で織られたものが多く、開襟して着ることが多いようです。半袖と長袖のグアヤベラがあり、パンツの外に出して着用しています。伝統的にパーティーやお祝いが好きなキューバでは、プライベートパーティー、結婚式、初聖体一年中何かしら祝祭が催されています。女性はルンバドレスやローブタイプのドレスを身に纏います。

白いレースの頭飾りとカラフルな刺繍が
見事なサポテコ族の民族衣装

メキシコ合衆国

UNITED MEXICAN STATES

ウィーピル

袖なしチュニック。一枚布を折り畳み、縫って、袖口や襟をあけたものの総称。民族によってはワンピース型のものもあるが、全てまとめてウィーピルと呼びます。

ウィーピル・グランデ

お祭りやパーティーでかぶる白いレースのウィーピル・グランデ。華やかなウィーピルという意味です。

スカート

ウィーピルと共にベルベット生地で作られるギャザースカート。花や植物はコロンブス以前の時代から好まれる刺繍のモチーフ。

ラッフル

スカートの裾回りにつくラッフル。綿やレースで5-6mほどの大きさ。着るたびに、洗濯、のり付け、プリーツされます。水玉や花柄の繰り返しが一般的です。

地理的背景

北部は乾燥したメキシコ高原が広がり、南部はユカタン半島を中心に湿潤な低地です。オアハカで行われる「ゲラゲッツァのお祭り」では地域ごとにカラフルな民族衣装を着て、独自の踊りを披露します。古代文明時代から土地にあるものを染料に使った、彩色・染色が行われています。有名なものに、貝紫＝明るい紫色、カイガラムシ（サボテンに住みつく小さな虫）＝赤色があります。また、染料の定着に使うミョウバンや硫酸鉄が採れるため、鮮やかな発色が可能になったとされています。メソアメリカ全体の考古学の研究で、食糧生産よりも布づくりに時間をかけていたという説もあるほどです。

歴史的背景

古代マヤ文明が栄え、16世紀初めより300年間、スペインの支配が続きました。メキシコの歴史は、民族衣装のモチーフを追うと当時の様子がよく分かります。征服以前には、幾何学模様やウサギ、サル、カモ、ペリカンなどメキシコに生息する動物モチーフが一般的。スペイン征服時には犬（死やあの世を連想）、蝶（死んだ兵士の魂）が増えました。スペイン征服後、馬やロバ（スペイン人が家畜として導入）がよく描かれるようになり、その時代の人々の気持ちやその時点での最新の事象が記録されています。

服飾的な特徴

ウィーピル・グランデ、ウィーピル、スカートとラッフルが基本セットになります。征服前にはウィーピルの上に、ケチケミトルと呼ばれるポンチョを着ていました。スペインの征服が始まると、ウィーピルにスカートとベルトを合わせるファッションが広まりました。当時の裕福な家庭では、ヨーロッパ製のペチコートや、スペインスタイルのブラウスに刺繍襟を付けたものが確認されています。基本セットが定着したのは20世紀に入ってからで、今でも各民族衣装の傾向が強く残っている地域もあります。

ケチュア族のアンデスの山の暮らしに
適した形状が特徴

ペルー共和国

REPUBLIC OF PERU

モンテラ

ふちのある帽子という意味。

リクリア

大きな布の肩掛けで、胸の前でピンを使い留めています。

ファルタコ

丈の短い上着のことを、スペイン語でチャケタ、ケチュア語でフボナと言います。羊毛を起毛させた手織物で鮮やかな刺繍が施されています。テープ状の装飾は、衣装の補強の役割も果たしています。

ポジェラ

スペイン語、ケチュア語ともにポジェラと呼びます。羊毛の手織物でできたギャザースカート。

地理的背景

国の中心に寒冷で降雨量の少ないアンデス山脈が走り、海の近い西側は砂漠地帯、東側にアマゾン川流域の熱帯雨林が広がる多様な気候をはらんだ国です。アマゾン流域には人口自体は少ないものの約40の部族が暮らしていると言われています。アンデス山脈の高地に住むケチュアはインカ帝国の子孫で、リャマやアルパカを飼育して暮らしています。子どもの頃から女の子は遊びながら糸紡ぎを習い、織物ができるようになっていきます。また農作業をする女性がはくスカートは、裾が大きく開くため足さばきがよく山岳地に適しています。スカートの内側の布は何重にも重ねられていますが、これは高地の鋭い日光や冷たい雨に耐えられるようにと言われています。

歴史的背景

16世紀にスペインに植民地支配されるまでは、アンデス文明インカ帝国が栄えていました。現在では公用語はスペイン語、第二公用語としてインカ帝国の言語であったケチュア語が用いられています。スペイン統治時代、ケチュア族の長い巻き布は歩くと女性の足がむき出しになることから、コルセットにロングドレスが主流だったスペイン人には慎みのない服装に見えました。そのためインカ様式の服装が排除され、足元まで覆う巻き布やスカートが広まっていきました。その後、スペイン人女性の農民衣装から大きく影響を受け、丈の短い上着と大きく膨らませたスカート、腰丈のポンチョへと姿を変えていきました。

服飾的な特徴

帽子はスペイン人からの影響でかぶり始めたとされていますが、日よけ雨よけなどの機能性か、装飾性を求めたのかは定かではありません。平べったい帽子はソンブレロ、円錐型のニット帽をチュユといい、地域により帽子の色や素材が異なるため、市場などの人が集まる場所に行くとどこの村の人かがよく分かるそうです。帽子を脱ぐと病気になるといういわれがあり、外では脱がない人もいるそうです。

COLUMN

民族衣装と刺繍

刺繍の起源地はアジア。そこから東西にわかれていき、東洋では主として鑑賞向けに、西洋では実用向けに発達していきました。

もっとも古い刺繍として今のところ知られているのは、初期青銅器時代に作られたスカンジナビアの花綱ステッチの縁取りで飾られたチュニックや、シベリアのアルタイ山脈で発見されたアップリケ刺繍（アルタイ刺繍）だそうです。

本書で紹介している刺繍を施した民族衣装にヨーロッパのものが多いのはそんな理由があるからですが、日本にも独自の刺繍がありそのルーツはインドから中国を経由して伝えられた「繍仏」だと言われています。「繍仏」とは、刺繍によって仏像を表現するもので、仏教が伝来するとともに、数多く作られるようになりました。

民族衣装において、形態、伝統的模様（パターン）、色彩、刺繍技法はその国や地域の文化そのもの。固有の文化がそのまま模様となって織り込まれているのです。

参考文献

◆ わくわく発見!世界の民族衣装
竹永 絵里【画】 河出書房新社

◆ 衣装ビジュアル資料　ヨーロッパの民族衣装―衣装ビジュアル資料
芳賀 日向【著】 グラフィック社

◆ 衣装ビジュアル資料　アジア・中近東・アフリカの民族衣装―衣装ビジュアル資料〈2〉
芳賀 日向【著】 グラフィック社

◆ 世界の民族衣装図鑑―約500点の写真で見る衣服の歴史と文化
文化学園服飾博物館【編著】 ラトルズ

◆ 世界の民族衣装文化図鑑
アナワルト, パトリシア・リーフ【著】 蔵持 不三也【監訳】 柊風舎

◆ 世界の民族衣装の事典
丹野郁【監修】 東京堂出版

◆ 世界の民俗衣装―装い方の知恵をさぐる
田中千代【著】 平凡社

◆ 世界の衣装をたずねて
市田ひろみ【著】 じゅらく染織資料館

◆ 都会で着こなす世界の民族衣装
主婦の友社【編】 主婦の友社

◆ 世界のかわいい民族衣装 織り、染め、刺繍、レースなど
手仕事が生みだす世界の色と形
上羽陽子【監修】 誠文堂新光社

◆ノリゲ―伝統韓服の風雅 (梨花女子大学コリア文化叢書 2)
上李京子【著】 金明順【翻訳】 東方出版

◆写真でたどる 美しいドレス図鑑
リディア・エドワーズ【著】 徳井淑子【監修・翻訳】 小山直子【翻訳】 河出書房新社

◆バリ島　服飾文化図鑑
武居 郁子【著】 亥辰舎

◆インドネシアの民族服飾とその背景について
田中美智【著】

◆不思議の国ベラルーシ　ナショナリズムから遠く離れて
服部倫卓【著】 岩波書店

◆ベラルーシの歴史と文化
辰巳雅子【著】

◆ノルウェーの民族衣装ブーナッドに関する研究ーホルダラン県のブーナッドー
桜井映乙子・矢部洋子【著】

◆世界のかわいい刺繍
誠文堂新光社【編集】 誠文堂新光社

◆アンダルシアゆめうつつ
野村眞里子【編集】 白水社

心ときめく世界の民族衣装

2023年12月13日　第1刷発行
2024年12月 9日　第3刷発行

編著　産業編集センター
イラスト　双森文
協力　文化学園服飾博物館
デザイン　鳴田小夜子（KOGUMA OFFICE）
DTP　株式会社のほん
編集　松本貴子（産業編集センター）

発行　株式会社産業編集センター
〒112-0011
東京都文京区千石4丁目39番17号
TEL 03-5395-6133　FAX 03-5395-5320

印刷・製本　萩原印刷株式会社

ISBN978-4-86311-389-3　C0077